片寄涼太
Ryota Katayose
Masato Odake
小竹正人

ラウンドトリップ
往復書簡

新潮社

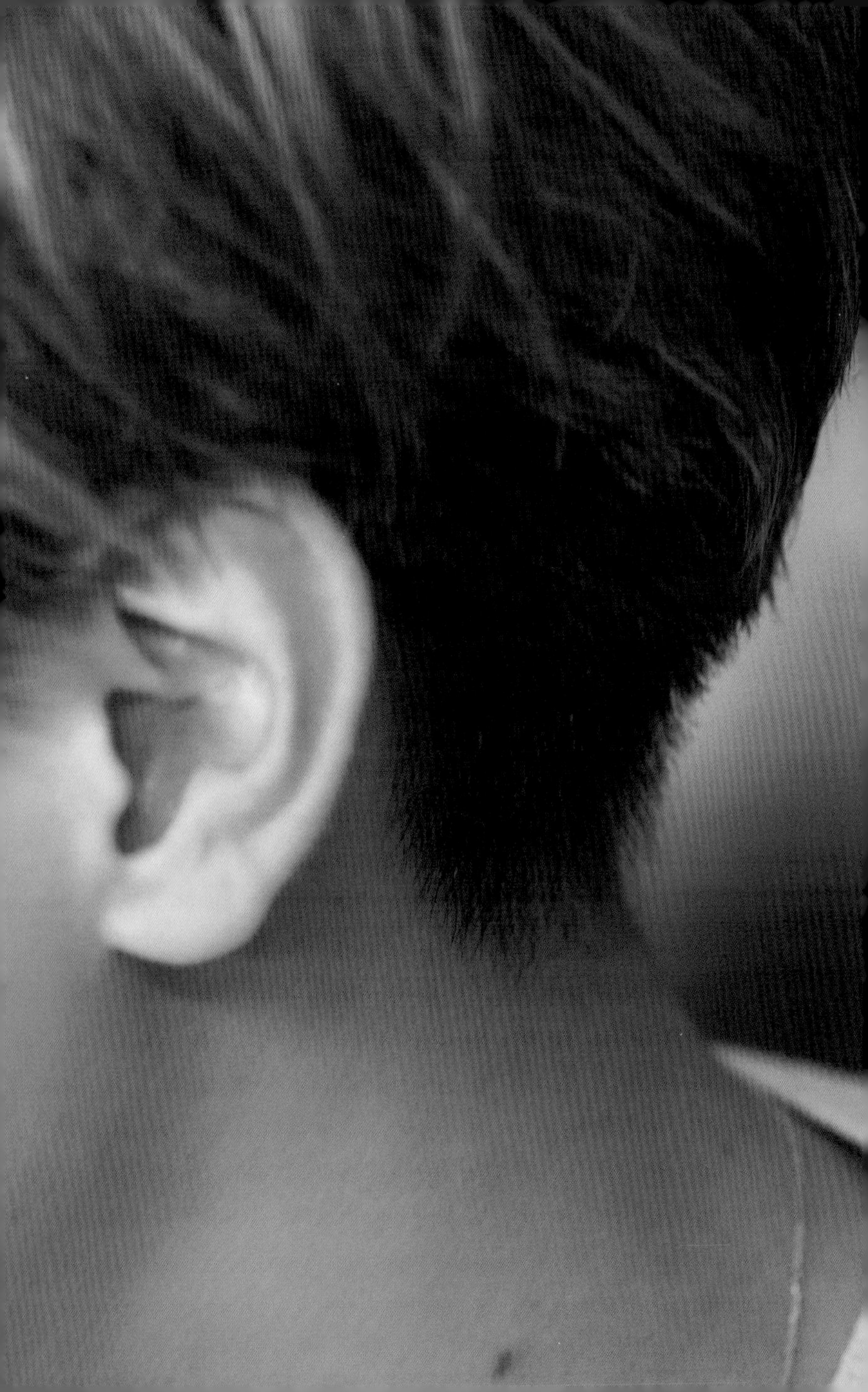

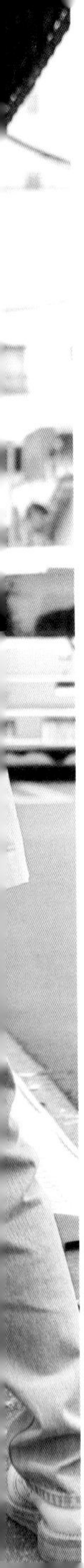

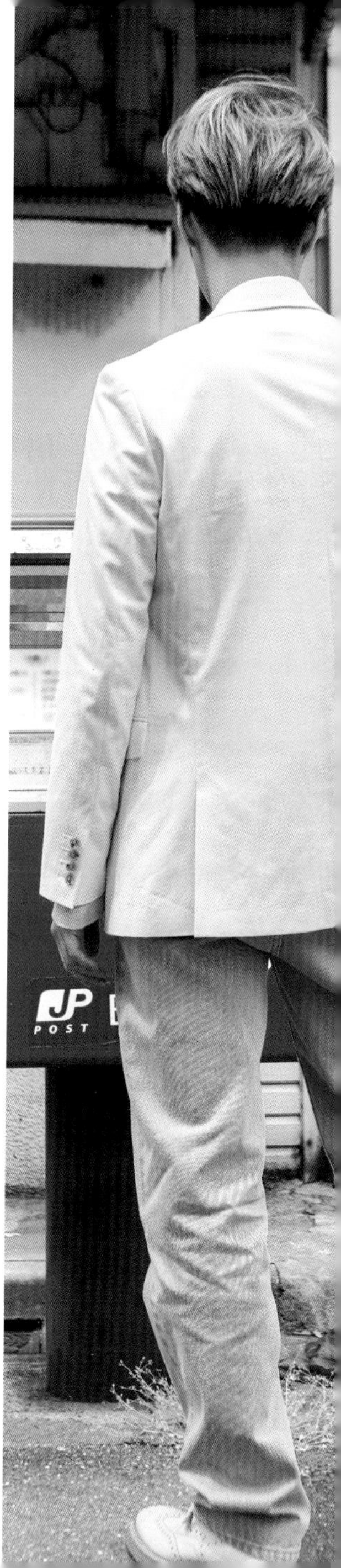
JP
POST

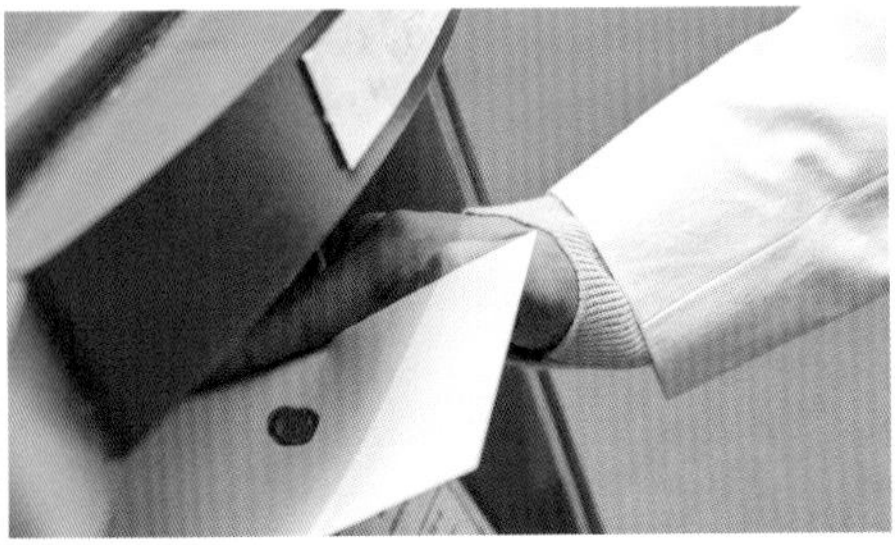

まえがき

僕の住む部屋から大都市東京の〝大動脈〟である、首都高速道路が見える。ある日、目を覚ますとそこには車が一台も通っていない。街を歩く人もいない。映画『Vanilla Sky』の冒頭、誰もいないタイムズスクエアをマスタングが走るシーン、Netflix『今際《いまわ》の国のアリス』で誰もいなくなった渋谷スクランブル交差点のシーン、そんなような景色が目の前に広がる。

耳慣れない〝緊急事態宣言〟というワードに、東京に住む誰もが自宅の扉を開けることをこんなにも躊躇《ためら》い、不安を感じたことは今まであっただろうか。そんな生きていて二度とできないような時期を経験した頃にこの《往復書簡》の連載を書き始めた。

正直、文章を書いた経験は日々の活動などをアップするモバイルサイトのブログ程度、自分らしい文章というような〝My Style〟はもちろんない。

右も左も分からない状態のなか、『とりあえずやってみる』。ただその気持ちで書き始めた。

そして気がつけば連載記事はなかなかの量になり、今まさにあなたが手に取って下さっている、この一冊の本となった。本になる前に、ホームページに載った記事を全てプリントアウトしていただいたものを見たとき、『こんなに書いたんだ』と驚き、少し嬉しかった。

自分自身が書いたものと小竹さんからのお返事を改めて読み返してみて、様々なことを感じた。最初の頃の文章はなんかぎこちなくて、ちょっと固い印象で、いま読むのは少し恥ずかしい。でも読み進めていくと少しずつ自分の言葉が生まれてきて、出来事について感じたことを自分の想いを込めて表せるようになってきたと思う。

そして僕は気づいた。この本のなかには、目に見えないウイルスという敵に怯えるあの寒々とした生活のなかで自分自身が感じていた、《微かな希望》のようなものがあるということを。この一冊と出会ってくれたあなたには、そんな手紙《メッセージ》を僕と小竹さんとのやり取りのなかに見出してほしいと心から願っている。

そしてもうひとつ、この本のなかには《見えない二人》が存在する。

人はどのようにして存在しているのか。『自分がここにいるから、それだけで存在しているじゃん』。そう思ったとしても、誰の目にも触れず、そこにいることに気づいてもらえなければ、永遠に終わらないかくれんぼをしているようなものだ。

また、それまでは普段通りに家族と話していた母親が、電話に出た瞬間によそゆきの声に変わってしまうという話がよくある。対峙する人との関係性や距離感によって自分自身が変化するのである。

このようなことから、人とは《誰かとの間》にこそ存在するのではないか？　と僕はいつも思う。

お芝居の世界では役づくりという言葉があるが、これはいただいた役の性格や言葉遣い、キャラクターをつくりあげるイメージでよく使われる。しかし先ほどの考え方からいくと、その世界に登場する登場人物たちとの間に存在するその役を考えることも、すごく鍵となる役づくりなのではないか……と少ない経験からではあるが、そう考えることがある。

皆さんは『あなたはどんな人ですか？』と聞かれて説明できるだろうか。僕は僕自身がどんな人間か説明できる自信は全くない。見当もつかず表現できる言葉が浮かばない。そんなに人は簡単じゃない。

では《誰かとの間》にこそ自分自身が存在するのなら、『往復書簡』は人を表現する素晴らしいやり方なのではないか。この一冊のなかにどんな僕と小竹さんが存在するのだろう。

『自分自身を鎧《よろ》うこと』。それを無意識のなかで意識しながら生きている《見えない二人》。その姿をあなたには見つけられるだろうか。

お粗末ではありますが、不器用な2人のラウンドトリップの始まりに添えて……。

片寄涼太

目次

第二部　往復談話　163

ラウンドトリップ　往復書簡

第一部　往復書簡

#01 僕を〝丸裸〟にしてくれる人

拝啓　小竹正人さま

世界中で猛威を振るう「新型コロナウイルス」で価値観が大きく変わりそうになっているいま、こういった企画がどんな新しい出会いに繋がるのか、あるいはやってきた新たな時代とどんな風に僕らが寄り添うことができるのか。それは、スタートし始めなければわからないなと感じていますが、とにかく大きな期待を抱いています。

これからこの場所を通して僕と小竹さんの「往復書簡」をご覧いただくわけなのですが、その前にまずは2人のことを、あくまで必要最低限なところだけは知っておいていただけたらと思います。そんな始まりの〝1通目〟に皆さまの少しのお時間を頂戴できれば幸いです。

僕はLDHという芸能事務所に所属する「GENERATIONS from EXILE TRIBE」というグループのボーカリストとして活動している片寄涼太と申します。最近はアーティスト活動の傍ら、俳優として映画やドラマなどにも挑戦させていただいています。

〝初めまして〟の方に最近の出演作は？　と聞かれたら「ドラマ『3年A組―今から

皆さんは、人質です――』の不良生徒役、映画『午前0時、キスしに来てよ』では橋本環奈さんと主演を務めさせていただいたり、別のドラマでは伊藤英明さん演じる僧侶の救急医に反抗する研修医役をやらせていただいたり……」と話すかなあと思います。ご覧いただいていた方はいらっしゃるでしょうか。

そんな僕と、作詞家・小竹正人さんとの出会いは約10年前まで遡ります。2010年、僕が15歳の頃です。それは当時行われていた「EXILE Presents VOCAL BATTLE AUDITION 2」というオーディション（このオーディションがきっかけで僕はいまの事務所・グループに所属しています）の最終審査の夜です。その日の審査で決定した「三代目 J SOUL BROTHERS」のボーカリストの2人を含むファイナリスト10名と、EXILE HIROさんとの食事会の席でした。HIROさんがご自身の〝親友〟として小竹さんを紹介して下さいました。小竹さんの目にはあの頃の僕がどう映っていたのでしょう。覚えて下さっているでしょうか。

それから僕はデビューを目指す候補生としての時期を過ごします。その頃からプライベートで食事をご一緒させていただくようになりました。いま振り返ると、ただの10代のがきんちょの僕に対してとても真摯に向き合って下さいました。GENERATIONSとしてメジャーデビューしてからも、様々な悩みを聞いていただいたり、20歳を越えてからはお酒を酌み交わしたりする仲となっていきました。いまや僕の中ですごく良い「お兄さん」であり「師匠」のように慕っている存在です。

　そんな小竹さんからこの「往復書簡」の企画を一緒にやってみないか、と声をかけていただいたときに気持ちが高揚したことは言うまでもないのですが、何より面白そうだと思ったのは、「鎧《よろい》のない自分」をお見せできるのではと思ったからです。僕は小竹さんとはサシで会うことが多いのですが、その理由は小竹さんの前では、他人の前で自分を鎧ってしまうことをお互いに認め合えるから。そして「なにかを鎧った自分」でいる必要がないから。

　小竹正人という作詞家は、僕を〝丸裸〟にしてくれる数少ない人の一人です。

　これからのメッセージのやり取りから、どれだけ正直で丸裸な自分を皆さまに覗かれてしまうのか、楽しみで仕方がありません。どうかよろしくお願いいたします。

敬具
片寄涼太

P．S．
そういえば小竹さん、僕が勧めた韓国ドラマについて。コロナ禍の外出自粛期間中に〝完走〟していただけましたでしょうか？（笑）

#02 心の奥の方で意見を交わせる存在

拝啓　片寄涼太様
紹介に与《あず》かりました小竹正人です。

初めましての皆様に簡単な自己紹介をさせていただきます。

私は、新潟で中学生までを過ごし、東京の高校に進み、卒業後にカリフォルニアの大学に留学し、留学中に知り合った音楽業界の方に日本語の歌詞の英訳を頼まれたのをきっかけに、全編英語の歌詞、やがて英語交じりの日本語の歌詞を書くようになり、8年間のアメリカ生活を終え帰国してからもずっと作詞家を生業とし、現在は片寄涼太と同じ事務所に所属しています。

作詞家になって気がつけば約30年、英語力がすっかり衰えた現在は、主に日本語で、よく言えば〝せつない〟、悪く言えば〝陰鬱な〟歌詞ばかり書いています。大勢の人気アーティストに作詞させていただいてきたので、こんな私にもファンレターが結構な数届くのですが、「あの歌詞で泣きました」「共感しました」の一方で「あなたの歌詞をずっと聴いていると病んできます」という感想が少なからずあります。これはひとえに私がどうしようもない恋愛ばかりを繰り返してきた賜物《たまもの》だと思っております。

そんな私、2019年の夏（そう、コロナ禍などという言葉をまだ聞いたこともなかったほんの1年前）、ひょんなことから「週刊新潮」の編集者と知り合って、ああだこうだと話すように。「昨今の音楽業界を斬る！」的な連載を提案されたりもしましたが、如何《いかん》せん私は周りが思うほど音楽を聴いていないし精通もしていない。

そこで「誰かと往復書簡をやりたい」とおねだりしてみた。かねて私は「大SNS時代」に辟易してきたから。便利ですよ、でも怖いんですよ。SNSもそうですが、ひっきりなしにやってくるLINEや読むのが追いつけない速度と量で流れてくる信憑性のないニュース。見えない何者かに支配されているような心持に多々なる。

そういうこともあって、誰かとじっくり手紙のやり取りのようなことをしたくなっちゃった。そんな折も折、新型コロナウイルスが襲ってきて、近しい人にすら気軽に会えない状況ができたことも、文通の体《てい》で文字のやり取りをしたくなった理由かもしれない。いずれにせよ、面白がってもらえたら……。

往復書簡を始めるにあたり、メッセージを交換する相手としてすぐに、片寄涼太の顔が浮かびました。彼を選んだ理由は追々この連載で書き綴るとして、出会って10年、いつの間にか我々はお互いの心の奥の方で意見交換ができるようになっています。それが彼の言う〝丸裸〟ってことなのだと思います。

SNSなどでの自己発信を一切やっていない私は、書く歌詞とは大きく異なる自分自身の言葉（おそらく毒と自虐が多め）について、この連載で明け透けに吐露することを、怖気《おじけ》づきながらも楽しみにしています。

さて、涼太。2010年、あのオーディションでの君を見て、「一人だけ青い果実みたいな少年がいるな」と思っていました。薄情ながら、HIROさんに紹介してもらった初対面の食事会のことは全く覚えていません（歳をとるとものすごく忘れっぽくなるんだよ）。

ただし、私のかなり近しい友人であるYOU（オーディションの様子を流す「週刊EXILE」という番組のMCをやっていた）が、「片寄君、可愛くて泣ける」と言っていて、しばらくは〝YOUが推す片寄涼太〟として私の中で頭角を現していました。これから始まる往復書簡、君の被っている猫がどんどん剝がれますように。ニャー。

P. S.

君に勧めてもらった「愛の不時着」「梨泰院クラス」などは、韓国ドラマウォッチャー金メダリスト並みのスピードでとっくに完走いたしました。こんなこと現実にあるわけないよと思いながらも嗚咽を漏らしてしまうこの感じ。まさしく「沼落ち」。15年ほど前にもどっぷり韓流ドラマにハマった時期があり、私にとっては第二次韓国ドラマブームの幕開けとなりました。

敬具

小竹正人

＃03 自分らしく、自分にしかできないことを

拝啓　小竹正人さま

ついに書簡が〝往復〟することになり、胸のざわつきを覚えています。それはひとえにこのメッセージが、小竹さん以外の人に見られることを意識しているからなのでしょう。

さて、前回の小竹さんの「ご挨拶」のなかで印象に残ったのは〝辟易とするSNS社会〟についてでした。確かに小竹さんと食事などをする際に、SNSについての話題が出ないことがないですし、とある恋愛リアリティーショーの出演者の方が自ら命を絶たれてしまったことも記憶に新しいことです。

いまの自分は年齢（25歳）的に、この〝SNS社会〟のど真ん中の世代にあたると思います。そして芸能人ですから不特定多数の方に知られており、SNSでターゲットになる機会は日常茶飯事です。

自分の名前で少し〝エゴサーチ〟してみたら……例えばこんな具合です。〈片寄涼太は歌が下手だ〉〈片寄の大根芝居はなんとかならないのか〉〈歌も演技もできないな

んて終わってる〉〈片寄涼太ってどこがカッコいいの？〉〈片寄の顔が嫌い〉などなど。ああだこうだと言われるのは仕事の一部分であり、気にしないようにしていたものの、全てに目を瞑《つぶ》ることはできませんでした。歌や大根芝居は自分の努力が至らないところもあると思うのですが、顔はどうしようもないしなぁ、僕は良いですが親に謝れ！って話ですね（笑）。

まあそんなこんなで、かれこれ約7、8年に亘《わた》った〝エゴサーチ〟の習慣を断ち切ったのは1年以上も前のことになります。

見ず知らずの方のつぶやきや投稿に気持ちがブレている時間が勿体無いですし、そういう自分に飽き飽きしたというのも理由のひとつです。自分に対する世論を知るツールとして〝エゴサーチ〟は有効。ただ、大体どんなことを言われているかは理解できたし、一度見なくなればあとは気にせず、自分らしくやろうと思えるようになるものです。

自分がいただいたお仕事に対して、他の誰かの意見や言葉を気にしながら臨むのは、お仕事を発注してくれた方に対してとても失礼なことなのではないか。そんな思いもあります。せっかくお仕事をするからには自分らしく、自分にしかできないお仕事を目指して取り組んでみたいと……。

人とのコミュニケーションには主として〝言葉〟が介在し、その言葉には温度や硬度があるんじゃないかと思っています。相手の目や雰囲気、声質、言い方によって、その温度は高くも低くもなり、伝わり方が柔らかくも硬くもなる。地方の方言や訛《なま》り方によっても様々な受け取り方がされることも。関西弁には全く悪気がなくても、受け取る相手によって言葉の暴力と化すように……。関西人あるあるです（笑）。

一方で、ネットやSNSで流れて行く言葉には、その温かさや柔らかさを感じにくい。誰もいない部屋で独り言のようにボソッと呟いたくらいの一言だったかもしれないけれど、先ほど紹介したものよりも驚くほど悲しくて心に突き刺さるような言葉もあったりします。

僕は小竹さんの歌詞や言葉には温度や硬度、その色合いの鮮やかさや透明度までをとても鮮明に感じています。〝言葉の魔法使い〟である小竹さんなら、このSNS社会に生きる〝言葉の運転初心者〟の方達に、どんな言葉を投げかけるでしょうか？

敬具

片寄涼太

#04 有名になればなるほど、アンチは生まれる

拝啓　片寄涼太様

ついに始まったね。すでに楽しくて仕方がないぞ、往復書簡。涼太に手紙風のメッセージを書くのも、それにかこつけて色んな人に自分の文章を読んでもらえるのも嬉しい。あまり持ち合わせていないと思っていた自己顕示欲がむくむくと成長しそうで怖くもあります。

さて、質問にあったSNSについて。インターネットがとにかく便利だというのは百も承知。昔、アメリカでの学生時代に睡眠時間を削り毎日図書館にこもって、ボロボロの英和辞典片手に調べものに明け暮れた血の滲《にじ》むようなあの勉強時間は何だったのか？　とか、小遣いの全てを日本の友人への国際電話代に費やしてた私が気の毒だ！　と嘆かずにはいられないコンビニエンス。

でもさ、その便利さに、用心深く咀嚼《そしゃく》すべきものを無謀に丸飲みしちゃってるような怖さを感じてしまうのは私だけか？

ちなみに、私もエゴサーチはとうの昔に葬りました。私は涼太ほどの有名人ではな

いので、エゴサーチ収穫はさほどありませんでしたが、以前していた時には、思わず顔がニヤけるほどのお褒めの言葉とベートーベンの『運命』が空耳で聞こえてくるような辛辣な中傷が共にありました。

私の歌詞は独特のクセが強く、「古臭い」とか「難しい」とか言われがち。しかし、「文学歌謡」みたいなのが私の永遠の作詞テーマなので、それを変える気は毛頭ない。君の言う通り、知らない誰かの意見や言葉を気にして自分の仕事に挑むのは、依頼してくれた人や私の歌詞を支持してくれる人を裏切ってしまうことになるのでは。

でもさ、有名になればなるほど、人気が出れば出るほどアンチが生まれるのがこの世の常で、世間の評価は心を凪《なぎ》状態にして受け止める、それがプロ、と言うか、ホンモノなんだと思う。そうじゃないと正体がわからない無自覚で無責任な他人に、大切な自分の個性や心や魅力や才能、ときに命までも奪われかねないから（あの恋愛リアリティーショーの出演者の方の死は、決して忘れてはいけない痛ましい出来事として私の胸をえぐった）。

昨今の大SNS時代において、この連載開始前までSNSでの発信が皆無だった私にはかなりの頻度で手紙が届いていた。わざわざ手紙をしたためてくれるくらいだから、送り主は私の歌詞を好きになってくれた人。私の歌詞のそれはもう奥深いところや裏側まで読み取ってくれていて、綺麗事でもなんでもなく本当にありがたいのである。

だってさ、肉筆で長い文章を書いて自分の想いを伝えるのって、とてつもなくエネルギーを使うじゃん？　それをやってくれる人がこんなにいると思うと感激するよ。しかも正々堂々と住所・氏名も明記してある。そりゃ、自分も手紙とか書きたくなっちゃうよ。これ、本当に今回の連載を始めた一番のきっかけです。

それはそうとして、君からの質問、〝言葉の運転初心者〟の方達にどんな言葉を投げかけるか？　ですが……。

「本を読んでください」が私の回答です。読書は人間の脳と心の襞《ひだ》を増やします。言葉に敏感になります。自分の人生とは全く異なる人生を何度でも疑似経験できる魔法のアイテムです。なんとなくネットを見たり不毛な書き込みをしたりするくらいなら、本を読む方がずっと感性が豊かになります。昨今の人々の読書離れを嘆いている者の一人として、私はこれを強く提唱します。あっ、日本が誇るカルチャーである「漫画」も、私の中では立派な書物です。

敬具
小竹正人

#04　有名になればなるほど、アンチは生まれる

#05　僕の大切な一冊のこと

拝啓　小竹正人さま

TikTok が流行っているらしいです。小竹さんは知っていますか？　世界中でムーブメントになっているらしく……グループのメンバーも「時代に後れをとった！」と自らを〝おじさん扱い〟しながら興味を持ってその世界に入っていこうとしているみたいでした。

自分はあまり気が乗らなくて……。流行っている〝らしい〟なんて言ったのはそのせいです。「興味を持つものに対してはその時がくるまで無理に触れる必要はないのではないか」と思うんですよね。自分にとって本当に必要なものなら〝その時〟がくると思うし、必要がなければこないかもしれないし。前回のやり取りのテーマでもあった〝SNS〟の類にも入るものかもしれないですし、うまく付き合えたらいいなあ〜と思った出来事でした。

さて、素敵なお返事をありがとうございます。

小竹さんからの回答、つまり、〝言葉の運転初心者〟の方達に対して「本を読んでください」というメッセージは、自分が10代の頃、実際に小竹さんからいただいた言葉でもありました。文学や知性を大切にしたほうがいい――。そんな助言をしてくれるのは、あの頃もいまも小竹さんが唯一のように思います。コロナ禍で小竹さんは韓国ドラマだけでなく、読書に割く時間もあったのでしょうか。

僕もこのコロナ禍で本は何冊か読みましたが専ら〝遅読〟派でして。今回新潮さんでこの往復書簡をやりとりするにあたって、担当のAさんからオススメ本もたくさん教えていただきました。魅力的なものばかりで、じっくり僕の血肉となった暁にはこの欄で触れて行けたらと思っています。

ひとまず、僕の大切な一冊について。それは、2013年に出版され、200万部を超える大ベストセラーとなった『嫌われる勇気 自己啓発の源流「アドラー」の教え』（岸見一郎、古賀史健著）です。その中で、いまの自分を形成する大事な思想のひとつになっている一節を紹介しておきましょう。

〈いかなる経験も、それ自体では成功の原因でも失敗の原因でもない。われわれは自分の経験によるショック――いわゆるトラウマ――に苦しむのではなく、経験の中から目的にかなうものを見つけ出す。自分の経験によって決定されるのではなく、経験に与える意味によって自らを決定するのである〉

要するに、「自分自身が何かしらの理由づけをすることで、何かを拒否したりトラウマを作ってしまったりする」と指摘しているわけですね。この一節を折に触れて呟いたりして、前向きに一歩踏み出す勇気をもらっています。

さまざまなカタチで人がストレスを受け、苦しんでいるということも、コロナ禍の《人と直接会わない時間》を経て感じた方が少なくないのではないかと思います。トラウマや否定的な発想は、自分の決めつけが生んでいるものだと考えて、このやりとりを覗き見している読者さまが、新しい自分の一面を発見するきっかけになることを願って。

小竹さんにとって、〝人生の師〟や〝心の友〟と呼べる本や作品はありますか？

敬具

片寄涼太

#06 小泉今日子と本と私

拝啓　片寄涼太様

アンニョンハセヨー。

このコロナ禍、大人になってからこんなに自分だけの時間を持ったのは久しぶりだったので、数々の韓国ドラマだけではなく、数々の韓国映画も観て、韓国の作家が書いた本(『私は私のままで生きることにした』〈キム・スヒョン著〉や『あやうく一生懸命生きるところだった』〈ハ・ワン著〉など)まで読んでいた。ついでに、朝の情報番組内で特集していた韓国大手事務所と日本のレコード会社の共同オーディション企画「Nizi Project」にも夢中になっていた。

ただし、批評的なスタンスを持って鑑賞していたわけではなく、恐ろしくダラダラと観たり読んだりしていたので、費やした数十時間(もっとか?)が、作詞家の私にとって素晴らしいインプットになっているかどうかは定かではないのが私のドンマイ! なところである。

さて、TikTok はもちろん知っている。なぜなら、ここ5年くらい私の周りでは大ベビーブームが続いていて、友人・知人の子どもたちが私の生活圏にどっぷりと入り込んできたから。子どもたちは揃いも揃って皆 TikTok が大好きだ。でも私は全然興味がない。最初は、チョコレート菓子の名前（KitKat 的な）かと思ったくらいだし。

アメリカに住んでいた頃の「映画ブーム」、数年に一度訪れる「韓国ドラマブーム」を別にすると、やはり私のブームの火種はいつも「読むこと」なのだと思う。

昔から「趣味は？」と聞かれるたびに「読書」と答えてきた。金を他のことに使うくらいなら本を買ったほうがいいと、とても自堕落な生活をしていた時期でさえも書店や古本屋に通い詰めていた。本は、映像や音楽よりも私の感情を震わせるものだったから。そして、20代30代、私には「小泉図書館」があった。

小泉今日子さんは、私の一生涯の友である。暇なときはいつだって彼女の家に入り浸っていた。本好きで、しかも長い間読売新聞で書評を書いていた彼女の家には、ちょっと読み切れないくらい新旧織り交ぜ常に数百の本があった。まさしく「私立図書館」だったのである。

そこで頻繁に本を借りたり貰ったりした。全巻揃っている漫画なんかは、彼女の家で座敷童《ざしきわらし》のごとく読み耽《ふけ》ったし（迷惑）、私の本の好みを知っている彼女が「これ好きだと思う」とさりげなく薦めてくれる作品には見事に感銘を受けた。

そんなこんなで、ありとあらゆるジャンルと作家の本を無料で読むことのできていた私は、いつしか立派な活字中毒になり、寝る前に何かしら読まないと眠れない体質に。そして自分が本当に好きな書物は「純文学」と「漫画」なのだと気づいた。

年齢を重ねるごとに、自己啓発本や歴史モノや推理小説からは興味が薄れて行き、心を凪状態にしてスラスラ読めるのに、奥深くて情緒溢れる文章で圧倒してくる作家(例えば、宮本輝、吉田修一、井上荒野、坂元裕二、桜木紫乃の各氏など)のものを主に選ぶようになった(他にも好きな作家はまだまだいますし、漫画もことに愛おしい存在です)。


で、君からの質問の回答……。〝人生の師〟と呼べる作品も〝心の友〟と呼べる作品もありすぎて決めかねる。カッコつけるわけではなく、何百冊もの小説や漫画が私の〝人生の師〟であり〝心の友〟です。ここ最近では、同じく吉田修一氏の『国宝』でも『続 横道世之介』でも嗚咽を漏らしたし、昭和の時代から30年以上続いていた宮本輝氏の『流転の海』シリーズが完結したときには恩師が亡くなってしまったかのような寂寥感だった。海外作家のものだと『掃除婦のための手引き書』(ルシア・ベルリン著)。アメリカの大学生だった頃(SNSなどという言葉が存在しなかった頃)の自分に会いに行きたくなるような感傷と郷愁を抱いた。

涼太は、デビューしてからの8年強で、自身のグループの持ち曲、コラボ曲、テレビの特番などで歌った他のアーティストの曲、数々のドラマや映画の台本と出合った結果、それらは立派に君の血肉となり、知性は磨かれてきた。それを私は目の当たりにしているよ。遅読派だって構わない、読むことをやめずにいてください。

敬具

小竹正人

#07　お気に入りのフレーズ

拝啓　小竹正人さま

小竹さんが小泉今日子さんとの関係に触れる機会はそこまでなかったのでは？　とちょっとドキドキしながら読ませていただきました。これまでの小竹さんの作品で多少知ることはできても、なかなか状況やシーンまでを想像できるようなお話って、そんなにされてこなかったのではないかと。あと小竹さんが誰かの家に入り浸っていたということも少し想像できず、だからこそかもしれませんが、面白かったです。猫ちゃんと〝2人〟暮らしで、今や完全に大物作家さんの隠居ライフを堪能しているイメージが僕の中で固まりつつあったので（言い方で不快な想いをさせていたら、すみません）。

さて、小竹さんの返信を読んで遅読派であった自分をいくらかは肯定することができたし、何でもがむしゃらに奮闘してきた時間が報われたようで、心が洗われるような感覚になりました。小竹さんの文章はやっぱり好きだし、このメッセージのやり取りが僕を明るくしてくれるようにも思ったり。まるで自分が明るくないような言い方になっていますが（笑）。

《小竹さんの文章》から、僕の初めての写真集のことを思い出しました。タイトルは『グッバイ、ホワイト』。このタイトル、そして写真に寄せて書いていただいた多くの詩も小竹さんからいただいたものです。あの写真集に載っている言葉は、良い意味ですごく嫌らしくて、かつピュアで何より心を〝ホワイト〟（＝真っさら）にしてくれるようなものばかりでした。その中でも気に入っているフレーズは、

《きっとみんな、小さな嘘で自分を鎧いながら生きている》

僕と小竹さんの間には、「人の鎧」というテーマが今も昔も存在するんだなあと。久しぶりに写真集を開いて読んでいたら、なんだか懐かしいです。たったの2年なのに自分が全然違う。表情のバリエーションも少ないし覇気もないし、単純に若い。苦労がない顔をしているように感じます。写真を見るとその頃考えていたことや記憶が蘇るのですが、「あぁ、この頃はまだ良かったなあ」と思い返してしまって。まさに写真は成長記録であり、奥深さがあるなと思います。同じ表情は二度とできない。

小竹さん、大人になるのは良いことだ、と思えるのっていつまでなのでしょうか？10代の頃は、早く大人になりたい、もっと成長したい、ただそれだけだった気がするのに。いつからか年を重ねていくことで知りたくないことを知っていく悲しさが日々

に纏《まと》わりついて、リアルな大人の事情とか、妥協とかそういうことばっかりにうんざりさせられて。これっていつまでも続くものなのでしょうか？　もしかして20代後半にかけてありがちなことなのでしょうか……？

『グッバイ、ホワイト』には、

《大人になればなるほど　本気で笑うことも本気で泣くことも　どんどん難しくなる》

　という言葉もいただいていて、そんな小竹さん、大人になるってなんですか？　どうか教えて！　小竹せんせーーーい!!（笑）

　あ、でも最近少しだけではありますが、本気で泣けるようになりました。今まで全然泣けなかったのに。

敬具

片寄涼太

#07　お気に入りのフレーズ

#08　カイダンバナシ

拝啓　片寄涼太様

まずは、ちょっとしたカイダン話を。

君も来訪したことがあるので知っていると思うが、我が家には暗い地下室がある。数日前のことであった。夜中の2時に目が覚めトイレに行こうとした私は、一階から地下に行くドア（何日も開けていない）がほんの少し開いているのに気づいた。「空子（ソラコ、愛猫）が地下に行ってしまったのでは」と、心配になり、恐る恐る地下室へ行くドアを開き、真っ暗な地下への階段へ踏み出そうとしたその時私は……、

「ギャアアアアアアアアアアアアアア!!」

あろうことか階段の一番上から一番下まで（全12段）を転げ落ちてしまったのである。とっさに「落ちるもんか！」と、体をくるっと回転させるなどという余計な悪あがきをしたせいで、正面からではなく背中からド、ド、ドーッと。ゴン！バキッ！ドスッ!!　と自分の体のあちこちをぶつけながら。途中で「これ、死ぬかもな」と走馬灯を見始めそうになった時、落下が終わり、小さく「ウッ」と声を漏らし私の体は静

止した。

ほんの数秒間の出来事だったにもかかわらず、体のあちこちに激痛を覚え、頭からはダラダラと血が流れていた。しばし錯乱状態に陥り、体を起こしてみると、何とか歩ける。途方に暮れながらも、とりあえず私はトイレに行った。

鏡を見たら顔面血だらけでホラーだったので、トイレットペーパーで顔を拭き、ばっさりと切れている側頭部にトイペを押し当て、ついでにしっかり用を足し（漏らさなくて本当に良かった）、めちゃくちゃ動揺していたので、気持ちを落ち着かせるために電子タバコで一服してから（傍らに空子がちょこんと座っていた）よろよろと事故現場に戻り、ところどころに付着している血痕をアルコール除菌ティッシュで拭いた（はい、私はちょっと潔癖症なんです）。

そして、右腕が全く動かないし、頭からの流血も止まらないので、「かったるいなあ」と思いつつ自分で救急車を呼び、病院へと運ばれた。

検査の結果、右肩を骨折、左足の指にヒビ、左側頭部の打撲、他にも体のあちこちを捻挫・打撲。病院を出たときには夜はすっかり明けて、ひるむくらい眩しい青空が広がっていた。

タクシーがなかなか（数十分）来なかったため、救急外来の入口付近にぼーっと立ちすくんでいたら、大きなガラスに写った自分の姿が見えた。頭には血が滲んだ包帯、腕には三角巾、遠目でもわかるくらいくっきりと手足に青痣《あおあざ》や内出血。絵に描いたような満身創痍《まんしんそうい》。今までの人生でこんな大怪我をしたことがなかったので、要らない自己顕示欲と露悪趣味から、私はスマホで自分の体のあちこちを撮影しました。

根がふざけているせいでしょうか、体の心配をするよりも、見たことのない悲惨な自分の姿を面白がってしまったのである。だって、ハロウィンでよく見かけるゾンビみたいな姿だったんですもの。これ、もし死んでいたら、「まあ、顔だけはなんの損傷もなくて……」と葬儀に参列してくれた人たちが目頭を熱くするよ、ホント。

と、自分の転落事故のことを書いていたら、君からの質問に答えるのを失念するところだった。そもそも救急病院の当直医に、「念のため1日入院しますか?」と言われ、「いいえ」と言い(だって面倒くさいから)、「出血が止まらないといけないので頭の傷をホッチキスで止めますか?」には、「嫌です」と答え(だって怖いから)、「2、3日は入浴を控えてくださいね」と念を押されたのに、帰宅してすぐにシャワーを浴びた私(だって潔癖症だから)に「大人」の定義を偉そうに語る資格があるのだろうか?

しかし、年齢的には立派な大人である私から涼太に言えることがあるとすれば、大人とは、「確固たる覚悟を持って何かを背負ったり守ったりできる人」だと思う。脅すわけではないが、まだ20代の君はこれからますます見たくないものを見て知りたくないことを知り、その先で「覚悟」が決まる。

迷って我慢して妥協して無理をして、手放したくないものをたくさん手放しながら、背負うべき大切なものを手に入れていく。若かりし頃の葛藤やジレンマは、大人になったときに絶対に君の糧となっている。私の経験上、「あきらめなければ夢は叶う」とは断言できないけれど、頑張っていれば絶対に成果は出る。そして夢にも思わなかったような素晴らしいことが予期せぬタイミングで起こったりもする。過ぎていく日常の中で自分のアンテナを張り巡らせて、常に自分と周りを見て、正しい距離感で人と接していれば、「大人になるって悪くない」ときっと心から実感するようになる。ちなみに私は、なんの覚悟も持たずに、何も背負っていない大人が大嫌いだ。

……って、階段から落ちたスットコドッコイエピソードの後に言っても説得力に欠けるが、この文章を書きながら「居場所を見つけられずに砂を噛むような思いばかりしていた20代の自分には絶対に戻りたくない」「大人になってよかった」と、思いのほか今の自分の幸せを君に再確認させてもらえた。満身創痍だけどな。サンキュー。

敬具

小竹正人

#08　カイダンバナシ

#09 自分が浅はかに思えたとき

拝啓　小竹正人さま

怪談師並みの恐ろしい書き出しでしたね。実際の写真も送っていただいていたのですが、文章で読んだほうが起こったことの恐ろしさを感じられました。お医者さんとのやり取りや行動も、「さすが小竹さん……」と、思わず笑ってしまいました。自宅にはありませんが、僕も〝カイダン〟には気をつけます。

小竹さんからのお返事のなかで「なんの覚悟も持たずに、何も背負っていない大人が大嫌いだ」という言葉がすごく印象に残りました。そこまでハッキリと言ってくださるんだなあと思いましたし、大人の人が放つ「大嫌い」ってパンチあるなあとも思いました（笑）。

そして、背負っているものの大きさや重みは人それぞれで良いんだよなあとも思いました。

小竹さんのお話には劣るかもしれませんが、僕も先日あった小話を。

先日車の配車アプリ Uber を利用したときの話。

Uber はタクシー配車アプリなどが普及するなか、ワンランク上の「ハイヤー」を専門とするアプリ。最近はタクシーの配車サービスも始めたようですが、コロナ禍以降プライベートの移動の時には、少しでも安心を求めて選ぶことが増えました（あ、UberEats にも大変お世話になっておりますが）。

ある夜、自宅から、通っているジムまでの送りのため Uber を手配しました。車が到着して運転手の方が車の外に立ってドアを開けて待ってくださっていたので、「予約した片寄です。お願いします」とひと声かけました。するとそれになんの反応もせず無視されてしまいました。車に乗り、「〇〇にお願いします。車は〇〇のほうにつけて下さい」と後部座席からドライバーの背中に向かって行き先を伝えたのですが、振り向くこともなく返事もありませんでした。なんだかちょっと無愛想な方だなあと違和感を覚えつつも、車はアプリで入力した目的地に向かって走り出しました。

Uber のアプリにはそのドライバーの方の評価を見られる欄があるので、なんとなく気になってその方の評価を見てみたんです。するとすごく評価の数字が高くて「最高のドライバーだ」という評価ばかりでした。しばらくして信号で車が停車して、そのとき運転手がついに振り返りました。なにか携帯に打たれた文字を僕に見せてきています。見てみると「コロナの影響で三密にならないように、ご協力をお願いいたします」と。

「あー、それでこの方は話さないのかな?」と思ったとき、ふと助手席の後ろに吊られたプレートの文字が目に入ってきたのです。

「聴覚に障がいがあるので、ご用の際は肩を叩いてお知らせください」

なんとその方は聴覚に障がいのある運転手さんでした。僕はなんて浅はかに「無愛想な運転手さんだ」なんてことを思ってしまったんだろう、と勝手にすごく恥ずかしくなってしまいました。そしてその運転手さんの精一杯の誠意をすごく実感したのです。安全に目的地まで到着して、降車したあとUberからの「ドライバーの今回の送迎を評価してください」の通知には、「最高のサービス」を選択して5つ星の評価を送信しました。

このドライバーの方も、きっと責任を背負って守るものを守って生きていらっしゃるんだと思います。自分も少しずつ「背負うべき大切なもの」を見つけていけたらいいなあ……。

敬具
片寄涼太

#10 「勇気やヤル気」をくれる岩田剛典

拝啓　片寄涼太様

　タクシー運転手さんとの何ともしみじみとしたエピソード。そういう、日常で不意に起こり、だから胸の中にずっと残ってしまうような、それでいてささやかな出来事って私の大好物だ。

　私は、他人のファッションだの旅だの食事だの（よくインスタであげられているような）に全く関心がない。それだったら、心を動かされる「ちょっといい話」や「ちょっとせつない話」を聞いたり読んだりする方に何十倍も興味をそそられる。

　そんな私、相変わらずの満身創痍です。特に右肩の骨折が厄介で、普通のことをするのにものすごく支障がある。入浴など自分ひとりきりなら工夫するからいいのだが、誰かと接するときがことのほか不自由。例えば、買い物の際、左手で財布を取り出し、左手で現金（またはカード）を差し出し、左手で買ったものを受け取る。なんか「ぎこちない変な人」になっちゃう。あと、困るのが、ソーシャルディスタンスを謳《うた》うこのご時世に、妙にスキンシップをしてくる友人・知人に偶然会ったとき。悪気は皆無で「おだちゃん、久しぶり！」なんて、抱き着かれたり肩を叩かれたりすると、「痛《いて》ええええ！」と絶叫してしまうのである。これまた「過剰反応する変な人」として逆に相手をビビらせる。右肩に「骨、折れてます」ってタスキを掛けて（「お弁当、あります」的に）、「変な人」ではなく「怪我人」として見られたい。

さて、今回の怪我が案外重傷だったため、コロナ禍にもかかわらず、私は定期的に大学病院に通わなくてはならなくなった。自他共に認める「せっかち」で、時間を無駄に使うことが大嫌いな私は、「どうせ病院に通っているなら、ついでに粉瘤《ふんりゅう》を取ってしまおう」と思い立った。

粉瘤とは、皮膚の下にできる良性の腫瘍で、最初はゴマ粒くらいの小さなしこりが徐々に大きくなって、イボやコブのようになる。放っておくとどんどん肥大化してしまうので、切除手術が必要。私はこれが左耳の近くにできた。最初は全然気にしていなかったのだが、ここ1、2年で大きくなっていて、「取った方がいいよなあ」と懸念しつつも、注射器で吸い取ったりするのならともかく、麻酔をしてメスで切って縫合するという手術工程が怖くて延ばし延ばしに（せっかちなのに面倒くさがりというどうしようもない性格なんです）。

ところが、「すぐにでも取ってしまおう」と、瞬時に私に思わせてくれた人物がいる……。それは、われらが岩田剛典《たかのり》（EXILE／三代目 J SOUL BROTHERS from EXILE TRIBE）です。

新型コロナウイルスでの自粛モードに入る前のこと。HIROさん一家とガンチ（私は岩田をこう呼ぶ）と夕飯を食べたときのことであった。HIROさん一家とはしょっちゅう夕飯を共にしている私であるが、ガンチに会うのは数か月ぶりだった。私は彼の隣に座っていたため、自然と二人での会話が弾んでいた。しかし、私の方を向いて何か話すたびに、彼の視線が泳ぎまくるのである。10年以上親交のある後輩で、昔は毎晩のように一緒に酒を飲んでいた彼が、今更私との対話に緊張するわけがない。一瞬私の目を見ても、すっと視線を私の顔の左側に移す。「あ、粉瘤か」と思い、粉瘤の説明をしたのだが、そのあともずっと彼の視線は私の粉瘤に釘付け。そりゃもう、「君、私ではなく私の粉瘤と話してますよね？」くらいに。

世の人々を虜《とりこ》にするあのキラースマイルが、私の粉瘤を見るたび瞬時に消え真顔になっていたその夜、私は決意したのである。「こんなイボ、とっとと取ってしまおう」と。

そんなこんなで手術してまいりました（コロナの影響で、予定の3か月遅れだったが）。数多《あまた》の怪我は経験しているが、身体にメスを入れる手術をするのは初めてだったので、かなり萎縮していた。けれど、局所麻酔をして、いざメスを入れる段階になったとき、たまたまカーテン越しの隣の手術台で同じく何かの皮膚腫瘍の摘出手術を受けていた老婆が、大声でずっと執刀医に話していて（「怖い！　痛くはないけど怖いよお！」など）、そっちに気を取られているうちに30分弱の手術は終わり、粉瘤のあったところにはミシンで縫合したみたいに綺麗な縫い跡があった。

長年の憑き物が落ちたかのような爽快な気分になった私は、病院を出てすぐに岩田にメールを送った。ガーゼとテープで隠れてはいるが、あの粉瘤があった左頬の画像を添えて、【ガンチがあまりにも見るから、顔にあった粉瘤の摘出手術をしてきました】と、わずかな嫌味も込めて。するとすぐに返信があり、その文章を見て私は妙に感心してしまった。

【手術お疲れさまでした、めちゃ痛そうです。小竹さん何か食べたいものとかありますか？】

心配してくれながらも屈託がなく、お見舞いとして私の食べたいものを尋ねてくれる見事な返し。さすがだぞ、ガンチ!! 岩田剛典はホント優しくて賢くてそつがない。

あの夜、キラースマイルを陰らせて、私の粉瘤を見ていた彼の脅えた視線。あれがあったからこそ、私は手術する決心がついた。昔からいろんな意味で、岩田剛典の笑顔は私に「勇気やヤル気」を与えてくれるんです。

敬具
小竹正人

#11　甘えられない性質

拝啓　小竹正人さま

さすが岩田さん……というエピソードで頭のなかに鮮明に絵を浮かべながら、楽しく読ませていただきました。

岩田さんと小竹さんとのエピソードといえば、昨年（2019年）の2月頃に3人で食事をご一緒させていただきましたね。その頃、自分はドラマ『3年A組―今から皆さんは、人質です―』の撮影中で、岩田さんも映画作品にいくつも出演されてお忙しくなさっていたように思います。

グループ活動の傍ら俳優活動もなさっている先輩でいらっしゃって、メディア露出のアプローチの仕方などを拝見していても、勝手に自分と近い価値観を持たれているように感じていました。食事の席では、撮影現場のお話やさまざまな葛藤なども自然体に明るく話して下さり、すごく貴重な時間でした。

そんな岩田さんの返信……僕にはそんな返信はできないのだろうなと思います（笑）。自分で言うのもおかしいですが、僕は別に気遣いができないタイプの人間ではないと思うのです。ただ「気の利いたことを言えるようにならないとなあ」と常日頃から感じています。

小竹さんから同じ内容のメッセージが送られてきていたなら、自分の返信内容はきっとこうでした。

『めちゃくちゃ痛そうですね。汗どうかお大事になさってください。』

うーん、味気ないです。別に失礼は無いと思うし、当たり障りな〜い感じ。当たり障りな〜い片寄、って感じですね。

生きていくうえで、他人とのバランスのいい距離感というものは必ず求められるように思います。相手によっては甘えた方がいい場合もありますよね。ただ、自分は気を遣いすぎてうまく甘えられないこともしばしば。それでいて、普段から気を遣うのが得意だと思われているせいか、思い切って甘えてみたら「意外なことを言うね」などと返され、それがただのワガママとして受け取られてしまうことも。そんな気遣いの難しさを感じる実体験をしたことがあります。

人への気遣いなどに対して敏感な方もいれば鈍感な方もいて、そのどちらも悪くなくて、ただ敏感であるが故に気を遣うだけで、それが相手に伝わらない人って少なくないのではないかと思ったり……。

話は変わりますが、コロナの影響で1年間お祭りのように行われる予定だったライブなどの予定はほぼ白紙になり、そのぶん余裕のある時間をいただいています。ですが、最近の自分は習い事に追われ、あっという間に時間が過ぎていってしまいます。

新しく出会った歌の先生のレッスンが週に1回、英会話のレッスンが週に1、2回、俳優の伊藤英明さんの誘いで習い始めた殺陣と刀のお稽古が週に2回。どれもその日だけで完結するわけではなく、必ず宿題的につぎまでにやらないといけない課題が残されるので、結構それに時間を割くのに必死です。

〝with コロナ〟の時代とも言われるいま、このような状況のなかで、自分の将来のために準備ができることを、すぐに結果が出なくても少しずつ積み上げていこうと思ってやっています。

そこで小竹さんに質問です。小竹さんは、習い事とかって子どもの頃、されてましたか？　また大人になってもビシバシ怒られたり宿題や課題（もしくは締め切り？）を与えられたりすること、好きですか？（笑）

敬具
片寄涼太

#11　甘えられない性質

#12　ピアノだけは続けておけばよかった

拝啓　片寄涼太様

えっ、涼太とガンチ（岩田剛典）と食事したのって、去年（2019年）の2月なんだ？　去年の年末くらいだったと思っていた。光陰矢の如し、ああ、おそろしや。

私は勝手に、私とガンチと君は、「価値観」というよりも、「持ち前の民度」みたいなものが近い気がしているので、初めての3人だけでの夕飯は、建設的で楽しく、しかもリラックスできた。

以前だったら絶対に私が会話を回しながら場を仕切っていただろうに、あの夜はガンチが率先して主に話してくれて、涼太も気の利いた合いの手を入れていたね。2人ともクイッ、クイッと飲みながらね。

それを見ていた私（ほぼノンアル）は、2人の後輩の成長を頼もしく思いながらも、「世代交代」という言葉が頭の中でグルグル廻っていた。「あとは任せたぞ、岩田と片寄！」みたいにじーんと来ていたのである。

何が「任せた！」なのかはうまく説明できないが、最近つくづく、若者（私にとっては20代30代）がしっかり責任感を持って（ここ必須！）莫大なエネルギーを放出してこそ時代は廻る、と感じているので、「沖での漁は君たちに任せて、私は浅瀬に戻って沖の方を見ているよ。ホロリ」的な？

それはさておき、習い事。

実は私は幼少期に、ピアノ、アコーディオン、トランポリン、水泳、習字、そろばん、更には日本舞踊、他にも様々な習い事をしていた。

ピアノは、実家のすぐ近くに有名な音楽教室がオープンしたのをきっかけに通い始めてみた。私を担当してくれていた女性ピアノ講師の言葉遣いが、「先生、ふざけてますよね？」とツッコミたくなるくらい独特で、たまに「〇〇ざます」とか言うもんだから、幼心にめちゃくちゃ衝撃を受けてしまった。

テレビや漫画で耳にしたことはあっても、実生活であんな喋り方をする人に今も昔も会ったことがない。心の中で秘かに「ザマス先生」と呼んでいた彼女にどうしても馴染めず、数か月でピアノレッスンをやめた。

トランポリンは、練習合間にコーチの手作りのおやつ（無添加の蒸しパンやらクッキーやら）がもらえたのでそれ目的で通っていた。しかし、ある日父兄から「習い事でお菓子を与えるのはいかがなものか？」とクレームが入ったらしく、おやつシステムがなくなったので行くのをやめた。

日本舞踊は、姉が習っていて、浴衣姿で稽古に励む姿が妙に粋に見えたので私も習い始めたが、どんどん上達していく姉に比べ自分には才能もやる気も全くないことを自覚。そもそも、ちんとんしゃん〜♪に合わせて優美にしなを作るとか恥ずかしい！　とやめた。

と、すべての習い事に対して軽薄だったり邪《よこしま》だったりしたから長続きするわけがなかった。君に聞かれなかったら一生振り返ることがなかったであろう私の黒歴史。

他の習い事はともかく、ピアノだけは続けておけばよかったと、数十年経った今でも砂を噛むような心持になる。ピアノで作曲とかしちゃって、「作詞・作曲　小竹正人」の名曲が世に出て……なんて妄想すると、悔やんでも悔やみきれない。君がライブで流暢にピアノを弾いている姿を見たときには、「キイーッッッ」と嫉妬のあまり、自分が着ていた服を引き千切りたくなったよ、ホント。

ザマス先生を恨むのはとんだお門違いだが、小学生の頃の自分に会いに行けたら、「ピアノだけはやめるな！　ザマスに怯《ひる》むな！」と本気で恫喝したい。西田敏行の「♪もしもピアノが弾けたなら〜」（知らなかったら調べて下さい）を口ずさむ癖が何十年も抜けない不憫な私。

さて、『大人になってもビシバシ怒られたり宿題や課題（もしくは締め切り？）を与えられたりすること、好きですか？』の回答だが、もちろん嫌いだ。特に「締め切り」という言葉には身の毛がよだつ。しかし、私は根がとても真面目な優等生なので

（涼太、何も言うな？）、プロのモノ書きになってから約30年、歌詞も小説もエッセイもその他の執筆も、何百回とあった締め切りを守らなかったことは一度もない。それどころか、いつだって締め切りよりかなり前に仕上げて提出する。だが、言い方を変えると、「課題はさっさと終わらせて楽になりたい」性格なのだと思う。学生時代も、夏休みの宿題は7月中には全て終わらせて8月は安心してまるっと遊びまくるタイプだった。あとは、「締め切りを守らない度胸」がないのだと思う。こう見えて私、繊細で臆病者なんですもの（いいか涼太、何も言うな？）。

今回は私からも質問。私のピアノ怨念のように、幼少時代から拭いきれない後悔の念って君にも何かあるのかな？

敬具

小竹正人

#12　ピアノだけは続けておけばよかった

#13　黒歴史も全て愛おしく思えるように

拝啓　小竹正人さま

民度（笑）。すごく良い表現だなあと思いつつ、笑ってしまいました。小竹さんの習い事の数にはもちろんのこと、それらに対してのエピソードの細かさにも大変驚かされました。この往復書簡が黒歴史の掘り起こしまで務めてしまうとは……。

ピアノって大人になってから「やっておけばよかった〜」という人が意外と多いイメージです（音楽業界にいるからかもしれませんが）。僕の場合は、父が高校の現役音楽教師、父方の祖父も中学の音楽教師でした。ピアノが二台（グランドピアノとアップライトピアノ）当たり前に置いてあるような家で育ったので、唯一自らの意志で始めていない習い事がピアノでした。

母は専業主婦ですが、趣味でコーラス団に所属をしていたので、母が家で歌を練習しているのは至って日常の光景でした。洗濯物を干している母親の後ろにくっついて、1オクターブ上で音程バッチリの『硝子の少年』（KinKi Kids）を歌っていたのが幼少期の僕でした（笑）。

そういえば小竹さんには、ウチの母にもご挨拶していただいたことがありましたね。小竹さんと同じ美容室に通っていた頃、大阪から来た母を一緒に連れて行った際にお会いして。僕がまだ10代の頃だったと思います。事務所関係の方にプライベートで母を会わせることがあまり無かったので、妙に恥ずかしかったのがとても懐かしい思い出です。

〝10代の頃の僕〟というと東京に来てからは約3年半ほどですが、正直いま振り返ってみると楽しかったと思えることはほとんどありません。苦しくて何もかも上手くいかなくて、ここに書くと暴露本的になってしまうほどの内容もあるくらいです（笑）。

ですがその時間を後悔することはありません。その苦しみとか我慢とかが無ければ、きっといまの自分のメンタルと貪欲さは培われなかったと思うからです。

先日、新たな身体のケアの先生に出会ったのですが、その方に『よくこの状態で続けてきましたね。普通の精神の方だったら多分投げ出してやめていると思います』と言われました。これだけ聞くとなかなかなことを言うなあと思うでしょう。ですが僕にとっては、そんなに驚くようなことではありませんでした。『ああ、そうですか』くらい。生きている間にはいろんな方に出会う。心身のケアをする人なんて、実力のある方から怪しげな方までごまんといるでしょう。そんな中でどんな方を望むかと問うなら、僕に厳しくしてくれる人、また僕の可能性を広げてくれる人。その意味で、感じたままを指摘した先生を信頼できると思ったのです。

自分の意志に反する事柄やトラウマ的な出来事こそが世界を広げてくれたり、或いは、後になってから「やっておいてよかった」と思えることがあるのです。

この往復書簡に黒歴史が掘り起こされたり、またこの往復書簡自体が黒歴史になったりしても、その全てを愛おしく思えることが、これから先のさらなる幸せに導いてくれるのかなあと思います。

ちょっと自分の話を書きすぎましたが、どうかお許しを、小竹先輩……。

敬具

片寄涼太

#14　高校生だった涼太

拝啓　片寄涼太様

少年は、沢山のヴォーカリスト候補生の中で最年少だった。一堂に会した食事会の席で、他の面々が酒を酌み交わす中、一人だけジンジャーエールを持って、どこか大人たちに怯えるような面持ちでときどき弱々しく笑っていた。その場にいることが不自然なくらい脆《もろ》くて未熟な笑顔だった。

まだ高校生だった少年と初めて二人きりで食事へ行ったのは、私の行きつけの店でも事務所の近くの店でもなく、当時少年が暮らしていた町から一番近い繁華街・三軒茶屋だった。通りすがりに選んだ和食屋で一緒に鍋をつつきながら初めて一対一で色んな話をした。寡黙であどけない、そんな印象を持っていた少年は案外饒舌《じょうぜつ》で、高校生とは思えないくらい瞬時に明確にこちらの言葉を理解したので私は驚いた。そして、彼が日々悩みながらも夢と現実と期待と不安をその華奢《きゃしゃ》な背中で背負い始めていることを知った。

食事を終えて、改札を通る直前に私に「ありがとうございました！　ごちそうさまでした！」と礼儀正しく言い、少年は二両編成のレトロな電車に吸い込まれて行った。

行きつけの美容院で偶然、少年と少年の母親に会った。

妙に恥ずかしがっている少年の隣、母親は柔らかい物腰と緊張した笑顔で私に「いつも本当にお世話になっています。小竹さんのお話は涼太からよく聞いています」と言い、「これからもよろしくお願いします」と真摯に私に頭を下げた。少年は両親からきちんと育てられてきたのだなと直感した私は、少年が10代のうちは私が東京での親代わりになろうと勝手に心に誓った。


少年が初めて本格的な一人暮らしをする際、「私が住んでいる街はとても住みやすい」と呟いたら、少年は自分で不動産屋を回り、私のマンションからすぐの物件を探し、そこに住むことを決めた。築浅のその建物は狭いながらも快適そうな造りで、部屋の中は10代の少年らしさがありつつも小ぎれいに整頓されていた。

少年がそこに住んでいる間は、近場でたびたび夕飯を共にした。居心地がよかったあの店は、数年前になくなってしまった。


少年の20歳の誕生日、何人かの仲間と共にカウントダウンをして、零時を回るや否や、初めての乾杯をした。少年は顔を真っ赤にしながら嬉しそうに笑っていた。

少年はやがて私の住む街から引っ越して行った。

どんどん忙しくなり、果敢なチャレンジを繰り返し、次から次へと襲ってくる苦悩を乗り越えながら、少年は先日26歳になった。

そう、少年はすでにもう少年ではなくなった。

頻度は減ったが、三軒茶屋から始まった私たちの「差し飯」は途絶えることがなかった。私は彼との食事の場に、「よく行く店」ではなく、他の後輩たちをあまり連れて行ったことのない「私のとっておきの隠れ家」のような店を選ぶようになっていた。

いつの間にか彼は、私より酒が強くなり、私よりファッションやアートに精通し、私よりずっと社会性を持ち始めた。

私たちは歴史があるがゆえに「鎧のない言葉と感情」を見せ合える仲になったのだと思う。大人と子どもの差し飯ではなく、大人と大人の差し飯をできる仲に。


私と彼は今、「往復書簡」という形でエッセイの連載をしている。大人になった少年は、昔はため込んでいた感情を私以外の人にも吐露できるようになっているし、連載開始から間もないのにどんどん文章力を身に着け、こちらがたじろいでしまうような鋭い言葉や見解を私に投げかけてくる。

2年前、その少年が属するグループに、私は『少年』という歌詞を書いた。その歌詞の中に、

「あの日の少年　今の僕を見て　何を思う？　どんなこと思う？」

#14　高校生だった涼太

という一節がある。

あの日の少年、つまり君は、10代の自分を振り返って「苦しくて何もかも上手くいかなくて」と前回の往復書簡の中で言っている。では、現在の自分を客観的に見て何を思う?

敬具

小竹正人

#15　変わらない自分と変わったこと

拝啓　小竹正人さま

10代の頃の自分を見たなら、つぎは現在の自分を客観的に見てなにを思うか。

この連載は少し余裕を持ってスタートしているので、自分が書いたメッセージは多少の時間差を経てこちらのサイト（「デイリー新潮」）に掲載されます。

今回の返事には本来かけられない時間（1週間以上？）をかけてしまったでしょうか。簡単にはお返事をできない内容でした。

自分自身に問いかけてみて最初に出てきたのは、『なにも変わっていないのでは？』という疑問でした。

変わったところを見つけるほうが簡単だから、あえて変わっていないところに目を向けてまずは考えてみようと思ったのでした。

小竹さんが書いてくださったとても懐かしいエピソードたちに、ホッとしたり切なくなったりしながら……。

やはり一番大きく変わらないのは、自分の根本的な部分かなあと思いました。結局仕事に対してもプライベートに対しても、真面目でちょっと不器用で、意外と人に遠慮して前に出たがらないところ。

そんな自分とは対照的に大きく変わったなと思うのは、環境と立場です。グループとしては2年連続のドームツアーを完走し、昨年（2019年）末には目標でもあったNHK紅白歌合戦のステージまでたどり着くことができました。

個人としてもいくつかのドラマや映画に出演させていただき、音楽業界とは違う世界にいる一流の方々や同世代の才能ある俳優の方々にたくさんの刺激をいただいています。

アジアに向けた活動にも挑戦させていただいて、様々な景色を観てより夢も広がり、自分自身の価値観も変わったなと思います。

小竹さんが書いてくださっていたあの懐かしい部屋から比べると大きな部屋にも住めるようになり、高価で絶対に買えない！と思っていた欲しいものにも少しずつ手を出せるようになってきて。

あの頃の自分がいまの自分を見たら結構驚くかなあ。笑いながら「嘘やろ!?」と関西弁の突っ込みが聞こえてきます（笑）。

さて、そんないまの自分を客観的に見てなにを思うか。

率直に、まだまだ行ける場所があるし、観られる景色があると思う。

「やっとここまで来た。ここからだ」と事あるごとに思ってきた自分は、現在の自分を見てその言葉をそのまま言ってやりたいです。

あんな少年でも踏ん張れば、このくらいの自分にはなれる。なら、まだまだ希望があると。


もう一つ、現在の自分のことが好きになれたかなと思います。

あの頃の少年は自分に全然自信が持てなくて、目立つことにもあまり欲がなくて、そんな自分のことをそこまで好きではなかった瞬間も多かったです。

それを好きにさせてくれたのは、出会った周りの方々や応援してくださる方々のお陰です。

理想とはかけ離れた現実にもたくさん直面したけど、周りの人に感謝して、自分を信じてやれるだけやればいいと思う。

そして僕は まだ先へと　進んで行く　遥か先へ
GENERATIONSの『少年』という曲の最後のフレーズです。シンプルだけどすごく好きな言葉で。
さて、小竹さんがこんな現在の僕に歌詞を書いてくださるなら、どんな内容が思い浮かびますか？　いやあ、こんな贅沢な質問を直接出来るようになったなんて、変わったなぁ〜（笑）。

敬具

片寄涼太

#16　とあるマンションと私と涼太

拝啓　片寄涼太様
　いきなり宣伝めいたことから書き始めること、ご容赦あれ。

　7年前（2013年）に私が初めて書いた小説『空に住む』が、鬼才・青山真治監督によって映画化され、無事に公開の運びとなりました。

　原作とはかなり異なる部分があったので、一視聴者として客観的に鑑賞することができ、純粋にものすごーく好きなテイストの作品だと思いました。

　実は私、この小説が出版されてから一度も読み返していなかったのだが、映画化の前の文庫本化にあたり再読を余儀なくされ、7年ぶりに読んだ。そして、どうしても思い出してしまったんです、あのマンションと私の最愛の存在だった猫のことを。

『空に住む』は、1人の女性（映画では多部未華子さんが演じてくれました）がタワーマンションに住むことになり、そこで様々な稀有な経験をしながら、自分自身が抱えるジレンマや悩み、不毛な恋、愛猫の闘病と死を乗り越えていくというお話。

　このストーリーで私の実生活と完全にリンクしていたのが、「タワーマンション

（当時は「高層マンション」と言われていた）の高層階に引っ越したこと」と「引っ越した数か月後、愛猫が難病にかかり壮絶な闘病生活の末に死んでしまったこと」だった。

君と出会うか出会わないかの頃です。

住んでいたのは約2年間だったが、私はそのマンションで口にも筆にも尽くせない波乱万丈な日々を送った。

作詞やそれ以外の仕事が今までとは比べ物にならないくらい増え、毎晩のように有意義な会食があり、そりゃもう多忙な日々の中、突然愛する飼い猫が病気になった。

「悪性黒色腫（メラノーマ）」という聞いたこともない難病で、恐ろしいくらいの速さで症状が悪化し、一日に何度も薬を服《の》ませたり注射を打ったりしなくてはならなかった。

体重が半分以下に減って、顔面が腫瘍で覆いつくされ、見るも無残な姿になっても私はその猫がいとおしくて仕方なかった。

昔からひとりでいる時間が一番好きで、ずっと「孤独が親友」などと嘯《うそぶ》いていた私の唯一のパートナーがその猫だった。

今思うと、私は「愛猫」を「人間」だと思いながらその存在に依存していた。

数か月に及ぶ闘病生活を終え、彼女を見送ったあと、仕事をしているとき以外の私は抜け殻のようになり、本当の孤独がどんなに寂しいものか初めて身をもって知り、

「とにかくあの闘病生活と死のことだけは書き残しておかなくては」と、図らずも何かにとり憑《つ》かれたかのように『空に住む』を書き上げた。それが「悼《いた》む」ことだと思った。

小説を読み返すのは、辛い記憶の蓋をこじ開けるようなものだったので、ずっとそれを避けていた。

だから今回久しぶりに読み返したとき、自分の文章の粗末さへの羞恥と共に、あの猫への変わらぬ愛しさと、介護を頑張っていた自分への憐憫《れんびん》みたいな想いがどっと溢れた。そうなったってことは、私は猫の死やら過去の自分やらをちゃんと認められたのかもなあと思った。

なんか、しめっぽくなってしまった。ごめん。

とは言っても、あのマンションに悲しい思い出ばかりがあるわけではない。

今まで使ったことがなかった色んなハイテク設備には本当に感動したし、窓からの眺めは飽くことのない大パノラマだったし、住んでいた２年で１００曲くらいの歌詞を大好きなアーティストたちに書かせてもらったし、何故か友人知人がやたらと近所に住んでいたのでしょっちゅう行き来して楽しい時間を過ごせたし。

私の20年来の親友の妻夫木聡くんが偶然同じ時期にそのマンションに引っ越して、「こんな偶然あるのか⁉︎」って２人で歓喜し合ったことも懐かしい。

つまり、公私共にとても充実していたので、素敵な思い出も今まで住んだどのマンションより多い。

そして不思議なのが、私が『空に住む』を書き終えて、あのマンションから引っ越した数年後、涼太がまさかのあのマンションに住んだこと。

なんだか私にとってはやたらと「縁」とか「運命」みたいな言葉が似合う場所となった。

ってことで、君に「縁」や「運命」をテーマにした歌詞を歌ってほしい……っていうのはうまくまとめすぎだね。

もちろん、そういう歌詞も歌ってほしいが、今君に書くなら、80年代後半のアメリカ映画みたいな歌詞を書きたい。

「コインランドリー」とか「サンタモニカ・ブルバード（道の名前）」とか「桟橋」とか「工場地帯」とか「レモネード」とか「ガレージセール」とか、錆びついているような単語が並ぶ曲。決して恋愛の歌詞ではなく、孤独な自分と淡々と向き合うような生活感の漂う歌詞がいいなあ。

自分の20代の頃の心の軌跡を君になぞってほしいのかも。絶対に万人受けしなそうだけどね。

敬具

小竹正人

#17 世界中をまわって感じた一つの夢

拝啓　小竹正人さま

『空に住む』懐かしいですねえ。７年前って僕まだハタチにもなってないです（笑）。小竹さんが直筆メッセージ入りの白本（？）的なまだ製本されてない状態のものを、「是非読んで」と渡してくださったのがすごく嬉しかったことを覚えています。

小説はもちろんのこと、三代目 J SOUL BROTHERS さんが歌う楽曲『空に住む〜Living in your sky〜』が本当に大好きでした。

確か〝主題歌付き小説〟として販売されて、その頃すごく新しい試みだったように記憶しています。

この小説がなければ生まれてなかった曲なんだと思うととても愛おしくて、特別に感じられます。

この楽曲の歌詞のなかでも、〝ありがとうって言えないまま　あなたに逢えなくなってしまったけれど〟というフレーズは、《残された人の気持ち》をすごくストレートに表現していて、それは死とか失恋とか様々な状況に当てはまる表現だなと、いま聴きなおしても新鮮に感動いたします。

さて、小竹さんがいまの僕に書いてくださるなら、80年代後半のアメリカ映画みたいな世界観の歌詞を書きたい、孤独な自分と淡々と向き合うような生活感の漂う歌詞を。ということでした。

是非歌ってみたい！　と思うと同時に、小竹さんにはカリフォルニアでの留学経験によって、アメリカ文化が根強く生きているのかなあと改めて感じました。

いまの時代はインターネットで世界中が繋がっている、すごくグローバルな時代だと僕は思っています。

仕事を通してアメリカはニューヨーク、ロサンゼルス、ヨーロッパはパリ、ロンドン、アムステルダム、アジアは北京、上海、香港、台北、マカオなどなど……様々な都市に行かせていただき、それぞれの文化、人間性の違いを20代前半のうちにしっかりと肌で感じることができました。

《郷に入っては郷に従え》ということわざがありますが、これはこの現在のグローバル社会でも言えることであると僕は思います。

その都市やその地の文化を感じて、敬意をもってそこに順応することを意識するだけで世界は広がるのです。

2年前（2018年）にニューヨークに行ったときに、そこで仕事をともにした現地で働く方がこのように言いました。〝The people coming in New York wants many socials.〟(ニューヨークに来る人々は、多くのソーシャル=社交、繋がりを求めている)。

これはあくまでニューヨークでの考え方であって、これがヨーロッパのある都市ならまた違う感覚だし、アジアの都市ならまたそれぞれの国民性が存在します。

決して自分の国の当たり前を押しつけてはいけない、そう強く思って改めて日本、日本人の素晴らしさにも気づかされました。

だからこそこれからの時代はそれぞれがアイデンティティーを持ってそれを表現し、しっかりと正しい情報を摑んでいかなければならない。

僕は今後、日本の様々な文化や素晴らしい芸術、若いエネルギーを、自分や自分の身の周りのものを通して世界へ発信していきたいと思っています。いまの一つの夢です。

小竹さんにとってはいまの夢や目指すところって、あるんでしょうか?

敬具
片寄涼太

＃18　心を開いてくれた5歳の少年

拝啓　片寄涼太様

確かに君の言う通り、アメリカ生活によって沁《し》みついたものって自分が思っている以上に根強いのかもしれない。

特にここ最近、この往復書簡を始めてから妙にあの頃を思い出す。1年2年前のことはもちろん、昨日のことすら覚えていないのにね。

海外で暮らしたいという漠然とした想いは幼い頃からあり、物は試しと高校1年生の夏休みにカリフォルニアに約1か月間の体験留学をしたのだが、そこで私の人生を左右する、ささやかだけれど一生忘れない出来事があった。

その体験留学で、私は典型的なアメリカの一般家庭にホームステイをした。両親と2人の息子たち（長男は私と同じ年だった）の明るくて素敵なホストファミリーだった。

ある日、ホストファミリーの親戚の家でホームパーティーが催され、私も連れて行かれた。

英語をなんとなく聞き取ることはできてもほとんど話せなかった私は、早口で繰り広げられる皆の楽しそうな会話に参加することができず、同じくその輪の中に入っていなかった親戚家族の末っ子ダニエル（おそらく5歳くらいだったと思う）に話しかけた。

就学前の子どもとの「What is your name?」「I'm Daniel」みたいな初歩的英会話が当時の私にはちょうどよかったのである。

親戚宅のリビングには古いビリヤード台が置かれ、その横で私は変な顔をしてダニエルを笑わせたり、日本式のグーチョキパーじゃんけんや折り紙（雑紙でテーブルと椅子を折った）を彼に教えたりした。

何を話しているのか理解できないネイティブな会話が飛び交う中でおろおろしたり作り笑顔をしたりするくらいなら、その輪から離れてダニエルと2人きりで遊んでいる方がずっと有意義で楽だった。

しばらくすると、その場にいた十数名全員が私とダニエルを凝視していた。

さっきまで瓶ビールを飲みながら爆笑していた面々が妙に真剣な面持ちで。

そして、ダニエルの母親が目に涙を浮かべながら敢えてゆっくりとした口調で私に言った。

「この子は本当に人見知りが激しくて、初対面の人と話しているのはもちろん、そんなふうに笑い合っているのを見たことがない」と。

私のホストファミリーの長男（ダニエルのいとこにあたる）も「僕たちともほとんど話さないよ」と、同じく信じられないものを見た顔をしていた。

一同全員が「その通り」とばかりにうなずき、ダニエルの父親は、わざわざ誰かに電話して「ダニエルが初対面の日本人の高校生と2人で遊びながら笑っている！」と報告したほどであった。

その、他の人が聞いたらとるに足らない出来事に、私はまるで自分がものすごい奇跡を起こしたかのように驚喜し、「こんな嬉しいことがあるなんて、やっぱり絶対にいつかアメリカで暮らそう！」と瞬時に決意した。

あのときの高揚感は、数十年経った今でもダニエルの茶色い瞳とあどけない笑顔と共にはっきりと思い出せる。

昔、「アメリカンドリーム」という言葉が溢れんばかりに発せられていた時代があった。

どんな弱者でもどんなに貧乏でもアメリカに行けば夢が叶うと、アメリカは夢の聖地なのだと、汲めども尽きぬ人々がアメリカを目指した。

私も、人生で一番強く夢見たことは「アメリカに住む」ということだった。

けれど、その夢のきっかけの最たるものは、かの地で地位や名誉や金を手にしたいなどという大それた野望ではなく、私に心を開いてくれた5歳の少年だった。

で、涼太からの質問、今の私の夢か……。

自分の書く歌詞の中では「夢」やら「dream」やらをこれでもかと使っている。若者は夢を持つことが原動力だとも思っている。けれど、今の私は、希望や願いや欲はあっても君の言うところのニュアンスの「夢」は、ない。目指すところもない。随分と長い付き合いで、私の性格をよく知る君はここを読んで、「やっぱり」と苦笑いしているだろうね。

年齢的なこともあるのかもしれないが、「アメリカ生活」の夢は10代で叶ったたし、それ以外にホントにホントの夢って昔からないしなあ。

叶うか叶わないかわからない壮大な夢を追いかけるには、私の20代30代は公私共に流動的かつ波乱万丈すぎたのかも。

いつの間にか夢なんてすぐにあきらめる癖がついて、いつの間にか「夢など見ても仕方ない」と思うようになって。

その癖が沁みついちゃって今じゃもう拭いきれない。

これは君にもこの連載を読んでくれている老若男女の方々にも反面教師としていただきたい。どんなに大人になっても雄大な夢を持っている人は魅力的だから。

ただし!! 夢がなくても私は幸せだ。

こんな不穏な2020年においても、愛する人や大好きな人たちに囲まれて、まあまあ健康で、やりたいことや好きなことを仕事にさせてもらえている。それこそ、夢にも見たことがなかった平穏無事な日常が、今はいとおしくて仕方がない。

敬具

小竹正人

#19　僕にとっての天職

拝啓　小竹正人さま

小竹さんの留学時期のお話、楽しく拝読させていただきました。そして、小竹さんの夢については、確かにそんなに期待をしていたわけではありませんでした。「生涯、作詞家でいることが夢だ」なんてそんなことは言わないであろうと思っていたので（笑）。

そこでふと思ったのですが、いわゆる《天職》とはなんなのでしょうか。

実際に夢にみた仕事を職にしている方はどれくらいの数いるのでしょう。

そもそも、夢みた仕事を実際に自分の職にできることが、天職であるとは限らない。逆もしかりで、全く想像もつかなかった仕事をし始めて、結果周りから天職だと言われるほどの結果を残すことだってあると思います。

僕は自分の仕事を、天職だなあと思えたことは今のところはほとんどありません。

それは仕事が嫌だとかそういうことではなく、もちろんたくさんのやりがいは感じるし、感動もいただいているけれど、これは自分が天から与えられた運命的な仕事なんだな……と感じられるような実感はないからです。

では天職と呼べる仕事とはいったいなんなのか。

例えば僕の父親は公立高校の音楽の教師をしています。

公務員として毎週月曜日から金曜日まで出勤するのはもちろん、土日も部活動やその他の授業の準備などでほぼ毎日、仕事に行っている姿を子どもの頃から見てきました。

その姿を見て母が小学校高学年くらいの僕に言うのです。

『お父さんはお仕事が好きだから』

この言葉は母の口から何度か聞いたことがあって、それは本当にそう思っているときもあれば、多少違った意味合いも込められているように感じるときもありました。

自分も歳を重ね、仕事を始めるようになって、あの頃の父の姿がふとしたときに頭に浮かびます。

そしてたまに実家に帰ったりしたときに、お酒を酌み交わしながら仕事について話す父の姿を見てよく思うのです。

父は仕事が好きなんだろうなあと。かれこれ30年以上続けてきている仕事は、父にとって天職だったのではないかと、僕はそう思っています。

ゆえに天職というのは、長く続けられた仕事で、かつ誰かに「それがあなたの天職

だ」と思ってもらえる仕事なのかもしれないと思います。決して自分でそう思うもの

ではなく。

　小竹さんの人生を変えたお話には到底及びませんが、これを読んだ方が自分にとっての天職って……と少しでも考えてみる入り口になればなあと思います。

　前回の小竹さんのメッセージに「夢なんてすぐにあきらめる癖がついて」と書かれていましたが、僕はこれからももっともっと、夢を見続けたいです。

　小さな夢から大きな夢まで、全力で抱いて叶えられるよう突っ走っていきたい。小竹さんの平穏無事な日常も、それが続いていくといいなあと願えば、それは夢に変わるのではないでしょうか。

　いまの世の中が少し暗い雰囲気だからこそ、どんな小さなことでもそれを夢に変えてみたい。仕方ないんだからとか諦めるしかないから、じゃなくて……なんとなくそう思います。

敬具
片寄涼太

#19　僕にとっての天職

#20 神様から渡された「人生の問題集」

拝啓　片寄涼太様

3年前（2017年）、初めての歌詞&エッセイ集『あの日、あの曲、あの人は』を上梓した際、インタビューが苦手な私にしては珍しくたくさんの媒体のインタビューを受けた。

なぜ私はインタビューが苦手か？　よく知らない人に会って質問されるのが嫌だとかではなく、ついつい喋りすぎて疲れちゃうから苦手なのである。

顔出しもしない、SNSもやらない私は取材を受ける際、ここぞとばかりに余計なサービス精神を出してしまう。

インタビュアーの人を楽しませよう！　と意気込んだり、より深いところを掘り下げようとして逆にとんちんかんな方向に話題を持っていったり。

30分の予定で組んでいたインタビューが2時間以上になってしまったこともあるくらい。何なら、予定時間内にインタビューを終えたことは一度もないと思う。勝手に張り切って勝手にエネルギーを消耗して、とにかく疲労困憊でへとへとになるのが常。

「こんなに楽しいインタビュー、初めてでした！」と女性誌の編集の方に言ってもらい、「えっ、やった！」などとおちゃらけて返す私。

どちらかと言うと暗い歌詞ばかり書いている私には、気難しそうとか神経質そうとか無口そうとかのイメージがあるらしく、「小竹さんがこんなに明るい人だとは思いませんでした」と満面の笑みで言われたことも数知れず。

笑いをとって、自分や自分の歌詞のイメージを自分で崩壊させて、あんたの職業一体何なんだよ？　ってハナシだね、ホント。

ところで、そのインタビューラッシュの際に、私は何人ものインタビュアーの方に「作詞家って小竹さんにとって天職ですね」と言われた。

その都度、「えっ!?」と、妙に驚いたのを覚えている。もちろんありがたかった。しかし、素直に「ありがとうございます」とは言えず、「そうだったら嬉しいですね」とお茶を濁した。

世の中に、「これが私の天職だ！」って思いながら働いている人ってどのくらいいるのだろう。

若気の至りからその職業の酸いも甘いもまだ熟知せずにそう言っている人って結構いそうだし、やっていてただただ楽しいからそれを天職だと思い込んでいる人もいるだろう。

ひとつだけ確かなのは、楽しいだけの仕事＝天職ではないということ。どんな仕事だって、その仕事を長く（これ絶対条件）真摯にやっていたら、辛くて仕方のない瞬間がきっとあるし、辞めてしまいたいと思うことだって少なからずあるはずだ。

自分のやりがいや喜びや収入、他人からの評価だけではなく、他者には計り知れない苦悩の部分も含めてその生業を「天職」と胸を張って言えるのなら、それはもう本当にそうなのだと思う。

私自身、作詞という仕事は心から大好きだし相当な遣《や》り甲斐があるけれど、幾度も苦い汁をゴボゴボ飲んできたし、執筆を放り出したくなったことだって一度や二度じゃない。しかも、作詞以外の作詞家としての仕事（打ち合わせ、レコーディング、諸々の確認事など）が苦手ときている。

更に、同じ30年くらいの社会人としてのキャリアを持つ君の父上（テレビ電話でお話ししたことがあるね）が持っているような勤勉さや実直さがなかった私は、ひどくダラダラと作詞家初期を過ごしていた。

いわゆる「プロ意識」を持っていなかったのだ。「職業は作詞家です！」と堂々と言えるようになったのはここ10年くらい。そんな私が「天職は作詞家です！」といけしゃあしゃあ高らかに宣言できるわけがない。一生無理かも。

私は、人間って生まれた瞬間にその人が生きる年月と同じ分くらいページ数のある「人生の問題集」みたいなものを神様から渡されて、その問題集を解き続けながら生きているのでは？　と思うことがある。

私の問題集には序盤のページのあたりから、言葉や歌詞や文章の難問がたくさん出題されていて、頭を抱えながらそれを解いているうちに「学ぶこと」や「成果が出ること」に喜びを見出した気がする。

だからこそ私はどんどん悪くなっていく視力と戦いながらもずっと「書く」のをやめられないのだと思う。

作詞を生業として早30年、相変わらず目には見えない問題集を抱えながらも、「私の天職って実はベビーシッターでは？」と本気で思いがちな近頃だが（それくらい周りに子どもが多いし、その子たちは私に懐いてくれるんです）、作詞家を引退するまでには今世の問題集を自分なりに完遂して、そこからふわふわとした余生を謳歌《おうか》できたら。

今までに私が読んできた数千冊に及ぶと思われる本や漫画で特に好きだったものを読み返したり、何かしらつれづれと執筆したりしながら、最期には安らかな気持ちで「作詞家って私にとって天職だったな。ありがとう人生！」と悟りたい。

その頃には、活躍の幅を更に広げているであろう君をメディアで見て、「涼太、大人になったなあ。なんか美味しいものをご馳走してくれないかなあ」なんて呟いたりしてね。こんな、君の倍くらいの歳の大人になるとさ、これはもう「夢」ではなく、「切実な願い」です。

あれっ、なんか「最後の手紙」みたいになっているが、未熟者の私はまだまだ踏ん張って問題を解き続け、まだまだ君を隠れ家的名店に連れて行けるよう頑張りますよ。

はい。

敬具

小竹正人

#21 「簡単には解けない問題」に向き合う

拝啓　小竹正人さま

この往復書簡はGENERATIONSや僕のファンの方のなかでも、より中核的で濃密な方々に読んでいただいている印象があります。

ある意味では細々とコソコソと、まさに誰かと誰かの手紙のやり取りを覗き見するように……。始めた頃に掲げたイメージにかなり近い形でお届けできている気がします。

そんな読んでくださった方々からのコメントや反応を何らかの形で目にすると、仕事や家庭を持つ方々の背中を多少なりとも押せている感じが見受けられます。

「人生楽しいだけじゃない!!　家事も仕事も大変なことばっかり!!」と心のなかで叫びたくなっているような方々が、この往復書簡という一つの場所に集まってくださっているのでしょうか。

そうであるならば前回の小竹さんの〝人生に与えられた問題集〟というお話にも、共感なさった方はとても多かったのではないでしょうか。もちろん自分もその一人でした。

『トゥルーマン・ショー』という映画があります。ジム・キャリー演じる主人公〝トゥルーマン〟は、生まれた頃から今で言うリアリティーショー的な番組で追われていて、全世界が彼の人生を知っている。

彼の街に住むすべての人たちが役者であるという話ですが、ああいう気持ちになった経験って子どもの頃ありませんか？　僕は恥ずかしながらありました（笑）。「自分の人生は誰かに試されている……？」そして「誰かに見られている？」と感じた経験は何度もありました。

いま考えるとただの自意識過剰な男の子ですし、さすがに中学生くらいになってからはそんなことはほぼ考えなくなりました。ですが、今回の小竹さんの返信を受けて改めてそれを考えさせられるきっかけとなったように思います。

自分の人生が問題集だったとしたら？　それを渡してくれる神様は本当に僕を楽しませてくれる存在だなあと思います。

歳を重ねていくごとにきちんとそれに見合った簡単には解けない問題をいくつも準備してくれるからです。それに向き合って答えを導き出すのが僕は好きです。

そして行き詰まった時はその答えを導き出す公式やヒントを、周りの人たちが持っていたりそれぞれの方法で教えてくれたりする。

この間、歌の先生と殺陣の先生、そしてお世話になっているスタッフの方、全く別の繋がりの3人の方に、5日も経たない間に全く違う表現の仕方で、同じ内容のアドバイスをいただいたことがありました。

　これには思わず心のなかで笑ってしまい、もはや降参したような気分でした。一つの答えに導かれている運命を強く感じました。

　自分は本当に幸運《ラッキー》な男です。自分の人生が終わる時には、トゥルーマンのように世界中に響き渡るような痛快な言葉を残して締めくくってみたいものです。その言葉も問題集を解き進めれば見つけられるのでしょうか。

　さて小竹さん、昔あった大きな人生の分岐点からほんの些細なできごとまで、なんでもいいのですが、「これは運命に導かれたなあ!」なんてお話、あったりしますか?

　あ、美味しいお店には、近々必ず僕が〝お導き〟させていただけたらと……はい（笑）。

敬具
片寄涼太

#21 「簡単には解けない問題」に向き合う

＃22　運命に導かれて出会った人たち

拝啓　片寄涼太様

　この往復書簡、外部からの評判は私には入ってこないが（以前ここで書いた通りエゴサーチを封印したので）、私の友人・知人、同じ事務所のアーティスト・スタッフの中には毎週読んでくれている人がたくさんいる。

「カイダン」の話を書いたときには驚くほど多くの人が私の怪我の心配をしてくれたし、粉瘤《ふんりゅう》手術のことを書いたあとはやたらとみんなが私の左耳のあたりを見るようになった気が。

　メールで感想を送ってくれたり、会った際に「往復書簡、毎週楽しみにしています」と言ってくれたりする人が後を絶たない。クールに「どうも」などと対応する私ではあるが、内心パヤパヤと浮かれている。

　小泉今日子氏は「片寄さんの文章は安定感がある」と言っていたし、妻夫木聡氏は「片寄くんはいい子だねえ。滲み出てるねえ」と感心していたよ。

　あれ？　私の書いたものに関する感想はないんかーい!?　と大声でツッコミたいと

ころだが、往復書簡の相手に指名させてもらった君が褒められるのは私としても嬉しい限り。

こういう公の場で文章を書くってさ、私の場合はそれが本業だから当然1から10まで自分で書くが、君のようなアーティストや俳優の場合は、事前にインタビューを受けて、そこからさもその人が書いたようにライターや編集者が文章を起こすのが当たり前。

だが、君は毎回毎回しっかりと自分自身で文章を書いて締め切りを守っている。私は君からの手紙を受け取るたびにそのことに感心するし、「え、涼太、もう返事を書いてきやがった」と、新たに私に課された締め切りにプロらしからぬ当惑をおぼえたりする。それにしても涼太くん、またまた糧が増えるね。

で、子どもの頃の私の話。今振り返ると私は、口の中で飴玉をずっと転がしているようなとても恵まれた（甘すぎるくらいの）環境でのほほーんと幼少期を過ごしていた。もっぱらの心配事は「お父さんが死んだらどうしよう」「お母さんが死んだらどうしよう」で、寝る前にそのことを考えてベソをかくような子どもだった。

ああそうか、今も健在の、根は陽気なのに不必要に悲しいことばかり考える癖は幼少期にはすでに培われていたんだ。

そのくせ、「もしもこの世界に生息している人間が私一人だけだったら」と空想するのが大好きだった。サバイバルや自給自足の知識など、必要不可欠なことは他にいくらでもあるのに、何故か私はその空想上で「一人で生きていくためにまずは料理ができなきゃ話にならない」と、かなり幼い頃から料理に興味を抱き、今じゃそれは立派な特技になっている。

ああそうか、「ひとりでいたい願望」（言い換えると「孤独好き」）も料理への探求心も幼少期にはすでに芽生えていたのだな。

君みたいに映画『トゥルーマン・ショー』の世界に入り込んでしまったような錯覚に怯える賢さは私にはなかったかなあ。

君が利発で冒険心に溢れるキラキラとした子どもだったのは、今の君を見ていて容易に想像できる。そして私は、他の子どもたちとは毛色の違う変な妄想癖があり、それに一喜一憂しながらもすぐまた別の妄想をするスライムみたいなどろどろダラーッとした子どもだった。

いじめや素行不良とは縁がなかったが、妄想癖が強すぎるゆえにとても嘘つきな子どもで、自分も他人も傷つかないが得もしない不可解な嘘ばっかりついていた私……。

年齢が親子ほど離れている君とのこの連載、回を重ねるごとにお互いの考え方の年齢差や温度差が出ていてめちゃめちゃ面白いなあと感じていたのだが、正直に書けば書くほど、君は強さや聡明さが滲み出てきたのに対し（たとえるなら原石が磨かれていくような？）、私はどうしようもなく間抜けで怠惰なところや情けない過去がむきだしになってきている（たとえるならメッキが剝がれていくような？）のは気のせいか？

さて、前回の君の書簡の文末での質問、「これは運命に導かれたと思うこと」だが、かなりある。それどころか、自分にとって大切な出会いや出来事はすべて運命に導かれたからこそだと思う。

ただし、運命に導かれるためには、条件があるとも思う。努力や実力だけでは補えない「運」と「タイミング」を持っていること。そして運命を手繰《たぐ》り寄せられるような自分なりの「個性」があること（個性は人生の武器なので）。

君に近しいところで言うと、ＨＩＲＯさんとの出会いはまさしく運命に導かれたのだと思う。私は、あんなに魅力的な男を他に知らない。

いろんな「すごい人」に出会わせてもらった人生だったが、後にも先にもＨＩＲＯさんほど人間力が高い男はついぞ私の前に現れてこなかった。

作詞家・小竹正人を巧みに（実力以上に）プロデュースしてもらい、いつからか家族の一員のようになり、そしてＨＩＲＯさんの子どもは、私の人生の最愛で最後の生きがいになっている。これを「運命に導かれた」と言わずに何と言う？

敬具
小竹正人

#23 自分自身の軸

拝啓　小竹正人さま

お褒めのメッセージをいただいたそばから早速、締め切りを過ぎてしまって申し訳ないです（笑）。ライブの準備であったり、仕事が立て込んだりしてくると段々余裕がなくなってくるものですね……。

ですが、なかなか人に会いづらい世の中になるとはまさか想像もしていなかったときに、この往復書簡のお話が実現したのはすごく運命的であり、いまの時代にとてもフィットしたコミュニケーションのカタチであるなと改めて感じます。

人と繋がれたり時間を過ごせたりすることが愛おしく思えるいまだからこそ、すごく良い企画だなあと……。錚々《そうそう》たる方々のご感想を伺うことができ大変嬉しいです。多少意識してしまって、緊張も感じております（汗）。

さて最近は物事に対する「エネルギーのさじ加減」を考えることが多いです。20代の前半までは「やるか、やらないか」の選択をすることなどが多く、やると決めたら全力でやり切る意識で突っ走った感覚がありました。

今年（2020年）に入ってコロナの影響で世の中が足踏みをしたタイミングでは、自分も20代半ばに来て折り返し、いろいろと落ち着いてゆっくり考える時間がありました。

そしていままで出会ってきた方々からいただいた言葉と改めて向き合い、人生のヒントを得ることができました。

そこで気づかされたのです。

全てに対応して同時多発的に「全力でやる」という選択は、自分に合うやり方では無いのかも、ということをです。

全てに自分の100％の比重を置くことは困難だから、タイミングに応じて「いまは70％くらいの集中で頑張ろう、こっちは30％でも大丈夫」と振り分けていくのです。

確かにいま思い返すと、学生時代のテスト勉強なんかも、「これはここまでで大丈夫、ここはもう少し力を入れないと」とバランスをとってやってきたじゃないかと。

以前にもここで書かせていただいた通り、普段のグループとしてのアーティスト活動と並行して、俳優業に挑戦させていただいたり、ファッションやアートへの興味、そしてこの連載のような書くお仕事にも取り組ませていただいております。

また、日々のボイストレーニングや体づくりに加えて、語学レッスンや殺陣のお稽古などなど、そういったものをどのようにして整理するかに、すごく時間をかけることができた時期でもありました。

ただここで一番大切なことは、常に自分の芯となる部分はブレてはいけないということ。学生の頃のテスト勉強と違うのは、仕事としてお金をいただいているというところ。

自分自身が何を芯に置いて活動していくのか、それをしっかりと軸として据えたうえでさらなる可能性を自分自身で広げられるなんて、なんてラッキーな男なんだ、と今はそう思えています。

二日酔いしないくらいの、お酒のさじ加減も覚えられるようになっていかないといけないのですが。


さて、そんな2020年もあともう少しとなります。

どんな1年でしたか？　どのように感じましたか？　そして、これからどんな未来が待っているのでしょう？

これは飲みに行って語らう話でも良いかもしれませんが（笑）。

敬具
片寄涼太

#24 「過去の自分が今の自分を作り、今の自分が未来の自分を作る」

拝啓　片寄涼太様

この往復書簡、本当に奇妙かつ絶妙なタイミングで始まったと私も思う。

最初に君にこの企画を提案したのが去年（2019年）の初夏で（例の和食屋で夕飯を食べながら）、実際に私と君がパイロット版の手紙を書き合ったのが去年の秋か冬。

その頃はまだ「コロナウイルス」なんて言葉自体も聞いたことがなかったが、あっという間にそれは世界中を震撼させて、すでに1年が経とうとしているのにいまだに猛威を振るっている。

公私共に案外頻繁に会っていた君にも全然会えなくなった。

去年から今年にかけて君とはこの往復書簡やら、私がコンセプトプロデューサーを務める「シネマファイターズプロジェクト」やらで今まで以上にワクワクすることをやっているのに、数々の打ち合わせは全てリモートで、画面越し以外では今年の春以降一度も君に会っていない。

もともと私は全然アクティヴではないので（知ってるか）、読むものや見るものさえあればひとところにずーっといることが全く苦ではない。

よほどの用事がない限り自分から誰かに連絡することはないし、外出もできることならしたくないたちだ（特に夜は）。

だから、コロナウイルス蔓延前と後で生活様式にさほど違いはない。けれど、こんなにも長い期間日常の自由が制限されたことって人生においてなかったから、「何にも気にしないで涼太と久しぶりに美味しいものでも食べに行ってあれやこれや喋り倒したいなあ」などとあまり私らしくないことを思って胸がモヤっとするのも事実。

当たり前が当たり前じゃなくなってしまったからこそ私にとってもこの連載は拠り所のひとつみたいになっている。

なんか、会えない恋人へのラブレターのようになってきたので、君の前回の手紙の内容へと話題を変えよう（先ほど、作家・吉田修一氏の大傑作『湖の女たち』を読了したばかりで、内容に感化されまくった私は、それこそ湖の底に沈んでしまったかのような気分になっているんです）。

いろんな仕事に忙殺されている時期が私にもあった。年間数十曲の作詞、小説やエッセイやコメントの執筆、ガールズグループの教育係などを掛け持ちして、心身共に休まる時間がないのに毎晩のように深酒。

当時の私はもう40歳になっていたのにもかかわらず、君の言うところの「ペース配分」を全く考慮しておらず、何から何まで全力で立ち向かっていたから、円形脱毛症になったり顔面神経麻痺に悩まされたり。あの頃に「人って絶対に休息が必要」ということを知った。

ただし、あれを経験したからこそ学べた忍耐力や集中力が今も私の中に根付いているし、胸を張って「頑張った！」と言える達成感もあったのも確か。

何度でも言うし、同じようなことを歌詞にも書きまくってきたが、「過去の自分が今の自分を作り、今の自分が未来の自分を作る」のである。

これから君が何かの問題に直面したとき、その解決策のヒントはきっと過去の自分の中にある。

そして、新しい何かに挑戦したくなったときの然るべき手段を今の自分がすでに知っていたりする。

今日の喜怒哀楽の全てが明日の血となり肉となる。だから若いときこそ全力万歳！

（もちろん心身を病まぬよう「ペース配分」を考慮してね）

これに気づいた、というか身をもって確信したときに私は、すでに人生の折り返し地点付近にきていた。ああ、もっと早く気づいていればよかった。

そしたら、あんな過去やこんな過去をもっと有効活用できていたのに。


今は年齢も年齢だし、功績という名の輝かしい爪痕は残せていないとしても、薄〜い引っ掻き傷くらいは残せた気もするので、仕事量をある程度セーブさせてもらっている。仕事以外にも時間を割きたい大切なこともあるし。

まあ、私の場合、エネルギーのさじ加減を会得する前に、寄る年波と共にエネルギーが減少傾向にあるってのがホントのとこかもしれないが。

ちなみに私の2020年は、長年に亘る物書きとしての産物をたくさん受け取ったありがたい年だった。

この連載もそうだし、処女小説の映画化もそうだし。本業でも、君を始めとする数々の若いアーティストに数多の作詞をやらせてもらえたしね。


プライベートでは子育ての疑似体験をかなり本気でさせてもらい、「私ってこんなにも情が深かったのか!!」と目から鱗がボロボロボロボローと、どこか恥ずかしくもなってしまった1年だった。

恐ろしいウイルスと常に隣り合わせで思いも寄らぬ世の中になったからこそ、今まで見逃していた幸せもたくさん見つけられた、そんな２０２０年ももうすぐ終わる。
来たる２０２１年には、世界的な不穏が絶対に収束してほしいと、どうにもこうにも切に願う。

敬具
小竹正人

#24　「過去の自分が今の自分を作り、今の自分が未来の自分を作る」

＃25 「空気を読む」こと

拝啓　小竹正人さま

年末、とくに大晦日の3日前くらいからなんか妙にソワソワしたりフワフワしたりする感覚ありますよね。

いつもと違う時間の過ぎ方がするというか、部屋の大掃除をしていても意外と疲れなくて年末特有のアドレナリンを感じるというか。

1年のなかでほとんどの人が休みをとって、新たな年を迎える準備をしている雰囲気って独特で結構好きです。

ありがたいことに今年（2020年）も大晦日はNHKで紅白歌合戦に出場させていただきます。

支えてくださる多くの方々に感謝をして、誠意をもって臨みたいと思います。

余談ですが紅白歌合戦は必ず〝出演〟ではなく〝出場〟という言葉を使うみたいです。

昨年から気になってはいたのですが、紅組白組での切磋琢磨する番組テーマが現在も残っているのだなあと思うと、すごく歴史を感じます。

さて先日、タクシーに乗ったときに運転手さんがいろいろと話しかけてくださる方で、「この時期ですから、役所に申請かなにかですね」と言われました。

こういう場合なんとなく雰囲気を壊したくないので、「あぁそうなんですー」と適当に話を合わせてしまうタイプの自分。そうするとその運転手さんは「個人ですか？法人ですか？　コロナが影響して……」といろいろと話し続けられてしまいました。

話を合わせ続けてはいたのですが、そろそろ目的地に着くあたりで自分の気持ちのなかである迷いが生じたのです。

目的地は役所の辺りよりももう少し先の角なのだけれど、この話の流れに合わせて役所で降りなくて良いのだろうかと。

結局僕は悩んだ末に、役所の辺りで降りてなんならそっちの方向に向かうように歩いたフリまでして、若干の遠回りをして目的地に辿り着きました。

なーんかこういうところあるんですよねぇ（笑）。読者の方でこういう感情を経験した方いませんか？？　この現象、感情に名前をつけてほしいくらい。

仕事においても状況に応じていろんな角度で人と接してしまう。

#25 「空気を読む」こと

ちょっとこの表現は好きじゃないけれど、言い換えるなら空気を読んでしまう。

これはまさにいま自分が、良いのか悪いのか迷ってしまうところでもあります。

……まあずっと悩んできたことでもあるのですが。ただ、少なからずそうしてきて後悔はないです。

それがなかったら今がない、と本気で思う性格なので。とくにグループ活動を長くしていると、自分の想いを伝えるどころかいろんな角度から飛んでくる言葉に対してバランスをとるだけで必死なことが日常茶飯事です。

だからこそこれからもこの悩みは尽きないのかなあ……。

グループとしては2020年でデビュー8周年を迎え、9年目に突入しています。「10」という大台の数字がだいぶ現実的に見えてきたいま、僕らがデビューする前から見てくださっている小竹さんなら、僕たちメンバーにどんな言葉をかけたいですか？

みんなそれぞれのことを知りすぎていて、個々に伝えたい気持ちは否めないかもしれませんが……（笑）。

敬具
片寄涼太

#26　こんな私の姿、想像できないよね？

拝啓　片寄涼太様

　この連載で、「子どもたち」やら「ベビーシッター」やらと折にふれ書いている私。ここ数年、少子化問題も何のその、私の周りではやたらと子どもが生まれ育っていて、どういうわけかその子どもたち（特に就学前の）が妙に私に懐いてくる。特別子ども好きでも何でもないのに。

　人間ではなくゆるキャラみたいに思われている節があるかも。

　2020年の終わりのとある夜、我が家で2人の女児（共に5歳）を預かることになった。そう、巷《ちまた》で噂の「シッター小竹」である。

　午後5時ちょっと前、2人が我が家に到着。なんだかとてもしおらしくそれぞれの両親に「行ってらっしゃい」と言っている。

　だが2つの顔に悲しさや淋しさは皆無。何故なら物心ついたときからしょっちゅう我が家に遊びに来ていて、「おだちゃんちに遊びに行きたい」が口癖の2人だから。

親を見送って我が家のドアが閉まったその瞬間、2人は「モモコ」と「ラミー」という名前になる（ホントは2人とも全然違う名前）。

彼女たちが3歳くらいの頃からだろうか、「なりきりごっこ」なるものが流行り始め、それぞれが自分に別の名前（ごっこネーム）をつけ、親がいなくなると、私に対して常に普段より少し大人ぶったキャラを演じ始めるのだ（親の前では絶対にやらない）。

2人がモモコとラミーになると私は強制的に「おだちゃん」から「ボンボン」という名前に変身する。これもなりきりごっこのルールの一環。ここでモモコとラミーとボンボンは同年代（推定ハタチくらい）になる。

我が家のリビングで彼女たちが人形遊びを始めたので、私はバタバタと夕飯を作る（15歳からひとり暮らしをしている私は料理が得意だ）。

モモコとラミーが好きな牛ひき肉と卵のそぼろごはん、山芋とチーズのふわふわ焼き、モロヘイヤとえのきのお浸し、たらこ白滝などを、大皿小皿に盛り付けて出す。

おしゃべりに夢中で2人ともボロボロこぼすので、それをいちいちすぐに拭き取る私（神経質なもんで）。

夕飯が終わり、山のような調理器具や食器をゆすいで食洗機へ入れ、諸々の後片付けを私がしている間、2人にはサンタさんへの手紙を書かせる。

モモコもラミーも何色ものペンを使ってイラスト付きで「さんたさんへ　でぃずにーのふるうと（フルート）がほしいです」と書き、それを我が家のクリスマスツリーの下に置いた。あとで、Amazonで注文しなくては。

手紙を書き終えると、我が家の空き部屋に移動。この部屋、いつの間にか我が家に子どもが来たときの遊び部屋になり、徐々に増えたおもちゃ（特にママゴト系の）がたくさん置いてある。

もはや完全に子ども部屋（ひとり暮らしなのに）。この部屋に入った途端、なりきりごっこはより本格的になる。

3人でルームシェアをしている設定で、全員が敬語を使うのがルール。彼女たちの中では「敬語＝大人っぽい」から。

先ほどのキッチンでの私を真似るかのように調理を始める2人（もちろんママゴト）。次々に私の目の前に運ばれてくる料理。それをさも美味しそうに食べなくてはならない私。本気で食べる真似をしないとめちゃくちゃ怒られるので。

ママゴトに飽きると、今度はダンスの発表会。それぞれが曲を選んでワンコーラス分踊る。私は「モモコ最高！」だの「ラミー可愛い！」だの、熱狂的なファンとして声援を送る役割。

この様子をスマホで撮影でもしようもんなら、「ボンボン、写真禁止‼」と烈火のごとく怒られる。たとえ5歳であっても、何かを真剣にやっている様子を面白おかしく撮影されるのは心外なのである。

やがて、デザートの時間（ママゴトではなく本物のデザート）。

今日は前もって2人のためにケーキを買ってある。これも最近の彼女たちのブームなのだが、デザートのときはスイーツとドリンクのメニューを紙に書いて（全部平仮名で）、私が店員、モモコとラミーが客の「即席カフェごっこ」になる。

「いらっしゃいませ」から始まり、ラミーが「シュークリームをおひとつとミントティーをおひとつ」と気取って言えば、モモコが「チーズケーキをおひとつとミントティーおひとつお願いします」と、これまた妙な「おひとつ」の使い方で注文してくる。私が「今日誕生日の方？」と聞くと2人とも即座に「はい！」（もちろんホントは違う）。

それぞれが選んだケーキに小さなキャンドルを1本ずつ差して、「Happy birthday to you～♪」と歌いながらケーキ（5歳児なので半分にカットした）を出す。

ナイフとフォークを使って上品ぶって食べるのも2人のワクワクポイント。いきなり無言になり、普段はあまり食べさせてもらえないケーキに夢中になる2人。

しかしケーキを食べ終えると、どちらからともなくアイスミントティーをストローでぶくぶくやりながらキャッキャと笑い合い、私に「コラー!!」と本気で叱られる。

カフェタイムが終わり、おもちゃを片付けさせていたら、どちらが何を片付けるかが原因で2人が喧嘩になった。

するとモモコが「じゃあ、にらめっこで決めよう」と言い、急に2人が向き合って、変顔をしながら「あかりをつけましょぼんぼりに〜♪」とひなまつりの歌を歌い始める。

なんだこれ？　流行りなのか？　傍で見ていた私が爆笑しているのにもかかわらず2人とも一切笑わず真剣ににらめっこ。

夜も更け、2人に歯磨きをさせ、再び子ども部屋でなりきりごっこをやっていたら、9時前に両家の親たちが迎えに来た。

ほんの数秒前までは「今日、おだちゃんちに泊まりたい」と私に懇願していた2人。けれどそれぞれのパパとママを見たとたん、モモコとラミーは姿を消し、普段の2人に瞬時にして戻り、帰って行った。

シッター小竹、今夜も任務遂行。……疲れた。作詞2曲分くらいのエネルギーを消耗した。

涼太、こんな私の姿、想像できないよね？　だが、私にはこの時間がいとおしいのである。一言では言い表せないしみじみとした多幸感。昔、子どもって大嫌いだったのになあ。

ああ、往復書簡始まって以来の長い文章になってしまった。

さて、デビュー10年を目前にしている君たちに声をかけるなら、「まだまだ頑張れ！」です。

私にしたら、デビュー前から溺愛しているGENERATIONSメンバー全員に感慨深い思い出がたくさんある。いまだにグッとくるエピソードだって書ききれないくらいある。

ただ、私にとって今の君たちは、「少年が10年経って若者になった」という感じ。依然として発展途上にあるし、可能性という名の伸びしろだらけ。

しかも、これから君たちに訪れる「男の30代」って心身共にエネルギーが充満してめちゃくちゃ仕事が楽しくなるんだよ。羨ましい!!

ますますのご活躍を心から期待しております。

敬具

小竹正人

#27　手を取り合って誰かを思いやって

拝啓　小竹正人さま

シッター小竹のエピソード、楽しく拝読いたしました。

女性は女の子の頃から〝女性〟なのですね（笑）。対して男性は大人になっても〝少年〟だなあと……。

こういう男性女性のお話や恋愛についてなどもいつかこの往復書簡で触れられたら、なんてふと思いました。

さてこの往復書簡はあくまで「小竹さんとのメッセージのやり取り」をテーマにスタートをしたはずがいつからか、数か月後の自分や読者の方々に宛てた、まるでちょっとした未来へのタイムカプセルのような感覚で書くように変化してきております。

そんなこのメッセージを書いているのは、まだ2020年の12月中旬。今や師走はお坊さんだけでなくどんな職の方々も思いっきり走り回っている慌ただしい時期ではありますが、先日ついについに、小竹さんにお会いすることができました。

お互いにいつ以来かもわからないほど久しぶりの再会でしたね。

この往復書簡の打ち合わせのつもりが、8割くらいは他愛もない世間話から近況について話すような時間でした。

そのお話のなかで小竹さんは「ほとんど人に会っていない」とおっしゃっていて、なんだか当たり前だったことが当たり前じゃなくなっているんだなあと改めて気づかされました。

コロナ禍に入る前、芸能の仕事の方はプライベートの時間、マスクをして顔を隠している方も結構いらっしゃいました。

実際僕もそうで、夏場までマスクをして歩いていると目立つんです（それで中目黒なんかを歩いた日にはもう……）。

ですがそれがこのコロナ禍では真逆。

初めは街がマスクをしている人だらけで「みんな芸能人？」みたいに思っていました。ですが先日道を歩いていてすれ違った人になにか違和感があるなあ……と思ったらマスクをしていない方でした。

そんな感覚を覚えた自分がなんだか悲しくて、少しショックでした。現代的差別というか。

一時期の報道では、コロナにかかった人がみんなまるでいけないことをした人のような印象に報じられてしまっていました。

でも実際はそうじゃない、体調が悪くなった人にかける一言めは「大丈夫ですか？」でなければならない。

世界中が同じ時代に同じタイミングで不安を感じて足踏みをすることなんて、この先何度も経験するようなことでしょうか。

危機的状況でもありますが、ピンチはチャンス。世界中みんなが同じ気持ちになった今だからこそ、手を取り合って誰かを思いやって、世界が繋がれますように。「自分だけがいい思いをするつもりじゃ、もうダメだよ」ときっと神さまにそう言われているんだと……そう思います。

以前にもこの往復書簡にて話に出ていた、シネマファイターズプロジェクトの第4弾で、僕が真利子哲也監督とご一緒させていただいた作品（『COYOTE』）も、そういったコロナ禍に入りはじめの時期を描いた作品。

世界中の人々がさまざまな戸惑いのなかで露呈する人間性、その弱さ。小竹さんが一足先にラッシュ（未完成の粗編集版）をご覧になったとおっしゃってましたね。

僕も早く見たいですーー!!（笑）　往復書簡でも宣伝していきましょうよ、小竹さん!!

敬具

片寄涼太

＃28　昨日より赤く明日より青く

拝啓　片寄涼太様

まずはシネマファイターズプロジェクトに関して説明しないとならないね。

【CINEMA FIGHTERS project】は、ＨＩＲＯ氏、別所哲也氏（ショートショートフィルムフェスティバル＆アジア代表）、そして私・小竹正人の3人が手掛ける、詞、音楽、映像をひとつに融合するプロジェクト。

簡単に言うと、私が作詞した曲を元に短編映画が製作され、その曲がそのまま映画の主題歌になる、という、私にとってはもう恐懼感激《きょうくかんげき》のプロジェクト。

ＨＩＲＯさんと別所さんが要《かなめ》となり２０１６年に始動し（第1弾の公開は２０１７年）、これまで、三池崇史、河瀬直美、石井裕也、行定勲、各監督らを始めとする、世界中で大称賛されている名だたる巨匠や新進気鋭の映像監督が素晴らしい短編映画を作ってくれました。

私のような一介の作詞家がご一緒する機会など普通は決してないような監督の方々と組ませていただいて、そりゃもう、過去のすべての作品が私のかけがえのない宝物になっている。

そして、「昨日より赤く明日より青く」と題した2021年（第4弾）のシネマファイターズプロジェクトの6本の新作短編映画で主演してくれるのがGENERATIONSメンバー（数原龍友はそのうちの1本の主題歌で参加）。

しかも、メガホンをとったのが、SABU監督、新城毅彦監督、山下敦弘監督、森義隆監督、久保茂昭監督、真利子哲也監督の6名。監督が決定するたびに驚喜に包まれた私。

だって全監督の過去の映画を何本も観ていて、それぞれに大好きな作品があったから。奇跡だよ、この6監督の集合。


作詞家を生業としているが、私の周りには映画人がたくさんいる。

HIROさんは恐ろしい数の映画を日々観ていて新旧織り交ぜいろいろ教えてくれるし、私の親友の2人の男、35年来（長っ！）の永瀬正敏君、20年来（早っ！）の妻夫木聡君は、共に日本映画を背負っていると言っても過言ではない役者だ。

そして、私には「映画師匠」と呼ぶもう1人の男がいる。

池松壮亮君である。

シネマファイターズ第2弾「ウタモノガタリ」の中の1本『ファンキー』(石井裕也監督)に出演してくれた池松君は、奇《く》しくも妻夫木君と同じ事務所で仲が良く、マネージャー(私もよく知る)も同じ人だった。

「ウタモノガタリ」の打ち上げで初対面、その後プライベートで妻夫木君を交えて食事をしたり我が家に遊びに来たりして、やがて2人だけでも食事をするように。

で、何故か妙に会話が弾む(どこか価値観が似てる?)ため、出不精かつメール嫌いな私にしては珍しく年に何度か会ったり連絡したり。

この池松君、「キミ、この世の映画をすべて知ってますよね?」と疑りたくなるくらい映画に詳しい。

そして、彼が「この映画、小竹さん好きだと思う」と勧めてくれる映画のどれもこれもが見事に私の心に命中しまくるのである。

しかも、「〇〇って映画、気になるから観に行こうと思う」と私が言い、「うーん。小竹さん、そこまで好きじゃないかもなあ」と壮亮が言った映画は、これまた「観なくてもよかったかも」と、私の琴線にあまり触れない。

あんた、読心術でもあるんかい⁉と、ちょっと敗北感を抱くほど。

その池松壮亮君が主演した映画『宮本から君へ』を観たときに、「何だ、この心をえぐられるような映画は⁉ 人情味に溢れているのに残酷で、全役者が名演していて、息つく暇もないほどに面白い!」と、ここ最近の邦画ではとても好きな作品の1本になった。

で、この『宮本から君へ』の監督・真利子哲也さんにシネマファイターズへの参加を熱望したところまさかの快諾で、「真利子監督が撮る片寄涼太を観たい！」との私の願いが叶った次第である。

一足お先に（ほら、こう見えて私、一応このプロジェクトのコンセプトプロデューサーを務めさせてもらっているから）ラッシュを観させていただいたが、いや〜面白かった。深かった。

映画の公開はまだまだ先だしあんまり言うとネタバレになってしまうから控えるが、英語と関西弁しか話さない涼太が新鮮だったし、この作品の中で、公の場では絶対に見せていない「素」の涼太がちょいちょい見え隠れしていてびっくりした。

ちなみに今回の「昨日より赤く明日より青く」というプロジェクトのタイトルは、この往復書簡で君に返事を書いているときに、「出会った頃に青い果実みたいだったのに、涼太（も他のメンバーも）、大人になって熟したよなあ。でも私たち世代からしたらまだまだ青いよなあ」とふと思ったことから浮かんだタイトルです。「あの頃よりは赤いがまだまだ青い。初心忘るべからず」みたいな老婆心的アドバイスも含んでいる。

さて、君が冒頭で触れていた私たちの久しぶりの再会だが、いいも悪いもいかにも私たちらしい再会だった。

笑顔で感動し合うでもなく声を高らかにするでもなく、お互いに「あ、お疲れさまです」と、まるで昨日も会っていたみたいなゆる〜い感じ。君のマネージャーI氏と私のマネージャーM氏（共に私がとても信頼するスタッフです）が同席していなかったらまた違ったのかもしれないが。

なんか、私と君ってシラフだといつも淡々としているよね。だから楽なんだろうね。

しかし、打ち合わせを終え、解散した薄暗い夕刻。

帰りの車から君を見つけて軽く手を振った私に気づき、一瞬戸惑いながら（きっと私かどうか定かではなかった、または、頭を下げようか手を振ろうかちょっと迷った）、小さく穏やかに手を振り返した君は、やっぱり昔と変わらず邪気のない君で、私は車の窓を閉めた後に思わず微笑み、妙にほのぼのとした気持ちで帰路についた。

敬具

小竹正人

#29　今の僕の大きな課題

拝啓　小竹正人さま
　シネマファイターズのご説明ありがとうございました。
　きっと公開前にはたくさんインタビューなどでお話しさせていただくかと思うのですが、関西弁と英語のみのお芝居は新たな自分の扉を開いてくれたような感覚でした。完成、そして公開がすごく楽しみです。

　さて、最近あった誰かに聞いてほしい話。

　朝方、大通りでタクシー待ちをしていました。

　なかなかタクシーが来ず、体感10分弱待ったくらいで僕の手前数メートルのところに1人のサラリーマンらしき方が立ちました。

　どうやらその方もタクシー待ちの様子。

「でも先に待っていたのは僕のほうだし、そのサラリーマンらしき方も僕と2度も目が合っている。きっと譲ってくれるだろう」

そう思っていた矢先、交差点を曲がってきたタクシーを止めて、そのサラリーマンらしき方は明らかに僕のことを見たうえでそのタクシーに悠々と乗っていったのでした。誰か目撃者がいたなら、「え、え、え、いまのめちゃくちゃひどくない??」と話したい気分でした。

ですがそんな相手はなく「きっとさっきの方が乗ったタクシーは道に迷いまくって余計に時間がかかっているのだろう」とあらぬ妄想で自分を納得させながら、その後捕まえたタクシーの中で、悶々とこの文章を書きました。

もしかしたら人によっては、その方がタクシーを捕まえた時点で「こちらが先ですから」と強気でその方と話をつけにいくようなことができたのかもしれません。

以前にこの往復書簡にて紹介した、タクシーエピソードの「行き先相手に合わせちゃう編」でも感じられると思いますが、片寄涼太という人間は決して強気なタイプではないのです。

変な気遣いというのか優しさのようなものが働いてしまうところがあります。

逆に言うと人として、人に対しての熱さのようなものがあるときと無いときがあるというか。小竹さん、なんかこういうところわかりません?(笑)

小竹さんの前回のメッセージでも、僕の久しぶりに会った小竹さんへの態度は決して良い感じのものではなく、良く言えば冷静で自然体な雰囲気。

悪く言えば、起伏のない、人としての温度の低さを感じます。

実はこれ、いまの僕が自分自身にとってすごく課題として感じている部分でして、昨年（2020年）下半期頃からすごく意識して行動している部分であります。

「より温度を高く、感じ良く」

ですが、いくら温度が高くてもイラついた自分を見せたり、人に怒ったりすることはしていいのでしょうか？

僕はそうは思いません。自分がそのとき良くても周りの空気が悪くなってしまいます。

どこか人として抑えるべき部分が必要でしょう。誰かに助けられて生きていくってそういうものではないですか。

あのタクシーに乗っていったサラリーマンの方はきっと焦っていて、その方を自分は助けたんだと。

あのとき「僕のほうが先に待っていましたよ！」と怒りにいかなくて良かったなと。

そう考えればちょっと嫌な話も、気持ち良い話に変えられたりする。

温度を高く持っていく瞬間は自分でコントロールできればそれでも良いんじゃないのかなあ。

敬具

片寄涼太

#29　今の僕の大きな課題

#30　無駄な忙しさなんてきっとない

拝啓　片寄涼太様

あー、わかる！　わかるぞ涼太！　と、何度も頷いてしまった君からの手紙。

タクシーを割り込み乗車（もはや強奪乗車？）された経験、私も数えきれないほどある。

スリや詐欺に遭ったようなあの遺憾の感じ、昨年（2020年）のドラマ『M　愛すべき人がいて』での田中みな実嬢の怪演がごとく激昂した感じで、逃したタクシーに駆け寄って「私の方が先でしたよねえええええ？？？」と叫びたくなる。

実際には、沸々《ふつふつ》と湧き上がる怒りを隠し、何事もなかったように次の空車を探すが。

なんかさ、そういうとき、被害者はこちらなのに、横取りされたタクシーが目の前を通り過ぎていく瞬間に妙な敗北感や羞恥心を感じて自分まで悪いことをしたような心持ちになるのは私がお人好しだからか？

そして、君同様に私も、変な気遣いをしてしまうというか、人に合わせてしまう癖があるし、人に対しての熱さが足りないどころか喜怒哀楽を他人に見せるのが恥ずかしいと思ってしまう性格だ。いつからかわからないくらい昔から。

幼い頃に身につけた自己防衛法が「笑顔」と「嘘」だった私は、なるべく笑顔でいること（笑って誤魔化すこと）を心がけ、激しく驚いたり泣いたり怒ったりするくらいなら、ポーカーフェイスでいる方がトラブルに巻き込まれないと思うようになってしまった。

邪気のある子どもだね。

だから昔からその場をパァーッと明るくすることはできても、「みんなで頑張ろうぜ！」みたいな場面で熱く拳を握ったりできないし、悲しいときや悔しいときに仲間と共に涙を流すなんてことは絶対に無理だった。

何が原因か全く覚えていないのだが、小学生の頃、人前では決して泣かなかった私が教室で泣いてしまったことが一度だけあり、そのときは、「小竹ちゃんが泣いている！　あの小竹ちゃんが泣いている！」と、他のクラスからも私の涙をひと目見ようとする野次馬がわんさか来るほどの珍事となった。

質《たち》が悪いことに、普段泣かない分、一度泣いてしまうと、どこからその涙と鼻水が出てくるんだ？　ってくらいものすごい形相で泣き続けてしまい、誰も止めることのできない号泣妖怪のようになる私。ＨＩＲＯさんと上戸彩ちゃんの結婚祝いの場でもそうだった（詳しくは拙著『あの日、あの曲、あの人は』をお読みください。と、シレーっと宣伝）。

＃30　無駄な忙しさなんてきっとない

あー、恥ずかしい。

しかし、しかしだよ？　これがまた、歳をとると変わってくるんだよ。この往復書簡で、歳をとったときのことばかり君に提言しているが、歳を重ねるとそれくらい心身共に興味深い変化があるんだよ。

私の場合は30代にしてやっと人見知りを克服して（それまではそりゃもうすごい人見知りだった）、ようやく少しずつ正直に生きられるようになった。

そうすると感情を表に出すのが恥ずかしくなくなってくるし（悲しいときや悔しいときには相変わらず泣けないが、感動するとボロボロ泣くようになった）、怒りの沸点が少しずつ上がっていくし、「熱さ」がみなぎらなくなる代わりに物事を達観できるようになる。何よりも、色んなことに身構えなくなる。

ホントはクールでもドライでもメロウでもない、ただ周りに気を遣って喜怒哀楽をおもむろに発露させないだけの君も、この先歳をとるにつれて、今までよりずっと感情の温度調整がしやすくなるし、周りの空気を読まなくても楽に呼吸できる場所がきっとできる。

多感な時期を頑張って生きてきた人は、熟年期を迎え、肉体的には少々無理がきかなくなっても、精神的には穏やかになる術《すべ》を身につけるから。

よく「無駄に忙しい」って言う人がいるが、無駄な忙しさなんてきっとない。多忙とは経験値を積むことだと私は思う。

それにしても、少し前の書簡に書いた通り、最近の私は幼い子どもたちと過ごす時間を異様にいとおしいと感じている。

私の周りの（特に就学前の）子どもたちは、過去の私とは真逆で、本当に素直で純粋で愛らしい。

他人を欺くような嘘をついたり誰かを故意に傷つけたりする術をまだ知らない。楽しいときには無邪気に笑い、悲しいときには思いきりせつなそうに泣く。彼らのそういう表情を見るたびに、自分の澱《よど》んだ心が洗われていく気がする。だから私は子どもたちとの時間を嬉々として求めてしまうのだ。

幼い子どもの純真さ、それよりも綺麗で大切なものってこの世に存在しないのではないだろうかと、つくづく実感する昨今なのである。

敬具

小竹正人

#31 あたたかなコーヒーを手渡したくなるとき

拝啓　小竹正人さま

〃時代が変わる〃という言葉を最近かなりよく耳にします。確かに世界中で猛威を振るう新型コロナウイルスは、今までの当たり前を完全に忘れさせるほど、新しい当たり前を生み出しました。

俗に言う「ニューノーマル」とやらです。

また占星術の観点からも、昨年（2020年）は約220年ぶりに「土」の時代から「風」の時代に激変した年などと言われているそうです。

小竹さんは耳にされたことがあるでしょうか？

まあどんな謂《い》われがあるにせよ、2020年という時間を経験して価値観が変わったという方は、少なくないのではないかと思います。

僕自身もそうだったのですが、そんな僕がふと日常生活のなかで思いついた新たな価値観の〃種〃を、こっそりここに綴らせていただきます。

ある冬の日の午前中に、行きつけのコーヒー屋さんに行きました。

いつものようにその店のバリスタさんがその場でドリップしてくれる、香りの素晴らしいホットドリップコーヒーを買って店を出ました。

コーヒー屋さんを出てふと向かいのビルのほうを見ると、そのビルの前にはひとりの警備員の方が立っていました。

「こんな寒い朝からご苦労さまです!」と心のなかで思うと同時に、「もしいきなりこの警備員さんに、この僕がいま持っているコーヒーを渡したらどうなるんだろう?」とふと思いました。

見ず知らずの人から、買いたてのコーヒーをいきなり渡されたら、自分ならかなり驚くだろう。職務中なので……と言って、受けとらない可能性のほうが高い。

ましてやこのコロナ禍で、見知らぬ人からもらったものを口にするなんてことは、全くもって〝ノーノーマル〟な話です。

ですが、もしかするとこんな小さな思いつきのなかに、新しい時代の価値観のヒントがあるのかもしれないな、なんて思ったのです。

僕はあのコーヒー屋さんを出たときに何故そんなことを思いついたのか、とまず考えました。

冷たい風に身を刺されながら、ずっと立ったまま仕事をなさっているその方の大変さが一瞬で伝わってきたのだと思います。

#31 あたたかなコーヒーを手渡したくなるとき

そんな方に少しでも温まってほしい、コーヒーの香りに癒されてお仕事を頑張ってほしい、多分そういう想いだったのだと思います。

つまりこの瞬間、自分が飲みたいと思って買ったコーヒーよりも、寒空の下で警備のお仕事をなさっている警備員さんに渡すコーヒーのほうが、同じコーヒーでも価値があるように感じたのです。

僕がふと思いついた新しい価値観の〝種〟。

それは「支えたり助けたり応援したいと思う誰かに向けて、小さな心遣いを込めてお金を遣ってみよう」的な感じですかね。

ですが、もしそうやって多くの方々が誰かを想ってお金を遣っていって、そんなサイクルの社会ができたら、きっと争いごととか妬みごととかとっても減るんだろうなあ。

そんなに都合のいい話あるわけないと言われるかもしれないですが、〝時代が変わる〟と言われる今だからこそ、そんなニューノーマルの夢を見ても許されますよね。

敬具

片寄涼太

#32 昭和という真っ当で狂った時代に

拝啓　片寄涼太様
君がコーヒーを手渡したくなった衝動の「種」から芽が出て育ったような気持ちを、私は小さな子どもたちや動物に感じる。

この世界には、貧しいがために教育や医療を受けられない子どもが何億何千万人といる。

言葉にするのもためらうような虐待を受けている幼児もおそらく想像を遥かに上回る数で存在する。

そして、責任感を持たない人間たちが手放したり繁殖させたりした数多の犬や猫が日々殺処分されている。

そういう子どもたちや動物たちのために、何か少しでも助けになることをするのが余生での私の役目だと思っている。

それが他人から偽善行為だと思われても構わない。

現に私も若かりし頃は、そういう慈善活動をやる人々（比較的裕福な）に対して、

「まずは自分が贅沢するのをやめるべき」とか「他人からよく見られたいのでは」と歪んだ一抹の想いがあったのを否めない。

私は未熟でかつかつの生活を送っていて、自分にひとかけらの自信もなかったから。けれど、今世で自分の子どもを持たなかった私に課された残務が何かを考えたとき、私のやるべきことはこれなのだとこの歳になって思い至った。

幼い子どもにもペットにも罪などあってはいけない。

ふと、昭和という元号に想いを馳《は》せる。

平成生まれの君が知らない、たった60年と僅かな間に、戦争と高度成長期とバブル期があった激動の時代。

昭和に生まれ、その元号が平成に代わるまでを、新潟、東京、ロスアンジェルスと移り住んで過ごした私。まだ幼くて多感な年頃だったせいもあるだろうが、とにかくめくるめく世界の変化を目の当たりにしていた。

昭和は、何かがとても真っ当で、何かが激しく狂っていた数十年だったのだと思う。

すっかり記憶から消え去っていたはずなのに、あの波乱万丈すぎた幼少期と思春期の日々が最近やたらと鮮明に蘇るのである。

「あの頃はよかった」などと懐かしんでいるのではなく、すっかり忘れたと思っていた昔の自分が突然フラッシュバックしてくる。

色んな出来事が私にもあった。実際に経験したことが、実はあれは絵空事だったのではないか、とか、映画のワンシーンを自分の体験だと思い込んでいるのではないかと錯覚してしまうほどあの時代は変化に富んでいた。

何をあんなに怖がっていたんだろうと今じゃ笑える話、絶対に墓場まで持っていくと10代にして決めた秘密、誰にももしくは本当に親しい人以外には話していない沢山の事象。

昭和があったからこそ私は、暇あり多忙あり幸あり不幸あり山あり谷ありの平成を何とか完走し、令和にたどり着けたのだとしみじみ思う。

元号が令和になって、若さから遠ざかった私は、変化も山も谷も求めなくなった。いつも君に言っているが、淡々とゆらゆらと過ごすことが今の私には一番の幸せだ。

って、また遺書みたいになってきちゃったよ。あーあ。


大人になるにつれて、自分が変わっていくことは絶対に必要。人は変化と共に成長するから。

「君は本当に変わらないね」って誰かに言われたとして、それは誉め言葉でも何でもない。変わらない部分があるのは素敵なことだが、何も変わらない＝何も成長していないこと。

令和になってすぐから私たちを震撼させ続けている新型コロナウイルス。まだまだ不安が拭えないし、私はこんなにも長い間ひとつのことに怯えながら過ごした経験がない。

けれど、いつか収束してくれることを昨日も今日も明日も信じている。

過去から学び未来を創る、それが生きていくということ。何かを犠牲にした後には幸せがきっとやってくる。

周りの人々が、大事な秘密を打ち明けるかのように、「2020年は土の時代から風の時代に変わったんだって」と言っている。

時代がただただ良い方向へと変化を遂げるのを望むのは都合がよすぎるのだろうが、恐怖や不安に心を圧迫されるような日常は誰も望んでいない。

ただ、「いつまでも続く当たり前の日常」なんてものは決してないことを、私たちは今こそ学ばなければならないのだと思う。

敬具
小竹正人

#33 平成生まれのボヤき

拝啓　小竹正人さま

昭和の人たちはみんな口を揃えて「若いうちはガンガン遊べ」とか「若いのだから寝なくても余裕でしょう」「どれだけ食べても太らないでしょう」なんてことをとにかく言う。

この往復書簡を覗き見してくださっている方の中に、こんな台詞《せりふ》を使った覚えがある、あるいは言われた経験のある方はいらっしゃるでしょうか？

僕もエネルギッシュにイケイケでパワフルな人生を謳歌してみたかったな、なんて思うときがあります。

〝昭和っぽい〟時間の過ぎ方（そんな定義があるのかはわかりませんが）に憧れがないわけではありません。

しかしながら平成という時代に生まれたからなのか、あくまで僕の個人的見解ですが、その類の台詞はなんだかピンと来ないなあと感じます。

そういうパワフルな台詞たちは、顔面ド真ん中より少し右とか左とかに逸れて、耳のそばを豪速球で通り過ぎるみたいに聞こえてくる感じ。

正直疲れていれば多少は寝たいし、カロリーオーバーなものを食べすぎればやっぱりそれなりに太る。

まあこれが、年をとっていけばそれでは済まなくなっていくということなのかもしれません。

ただ最もピンと来ないのは、ガンガン遊べということです。

このコロナ禍はもちろんですが、そうなる前から状況や時代は結構違う気がしています。

とくに昨今の芸能人は昭和のそれとは明らかに全く違うのです。

街を歩く人たち全員が写真週刊誌の記者さんだと思ってもいいくらい、誰もがスマホのカメラを自由に使いソーシャルネットワークですぐに目撃情報が呟かれる。

遊びたいように遊ぶなんて出来るわけがないのです。携帯・スマートフォンとSNSの普及が、遊び方やモラルを完全に変化させたということです。

ならば、誰かに責められるようなことや非難を浴びるようなことを自制した上で、心地よく楽しい時間を過ごせば良いのです。

ですがここ数年目立つのは芸能人か政治家さんのスキャンダルのニュース。

確かにやってはいけないことをしたのであれば仕方ないとは思うのですが、何のせいと一概には言えない、集団的見えない負のループのようなものが確立されてしまっていて、本来そこまで恐ろしいものであっていいのか？　と疑問に思うほど、SNSやメディアのことが恐ろしくなってきていると感じます。

　このようなネガティブのループではなく、ポジティブのループを個人がそれぞれでつくっていけたらどんなに素敵な世界だろうと思います。

　別にどこの国に倣《なら》えというわけではありませんが、例えばハリウッドスターのオープンな交際のように、アメリカ＝自由の国と言われるだけあって、それぞれの生き方が尊重されるような文化を感じます（きっとアメリカの景色は僕より小竹さんのほうがお詳しいことでしょう）。

　そのほかにも世界中の様々な国で、そういった〝個〟を尊重する考え方や価値観は身近に存在するように思います。

　結局は集団の本質も、どんな個人が集まったものであるか、ということが大切なのです。

　小竹さんの遺言と違って、平成若者男子の生意気なボヤきのような往復書簡になってしまいました……。

敬具
片寄涼太

#33　平成生まれのボヤき

#34 昭和生まれのボヤき

拝啓　片寄涼太様

平成男子のボヤき、最高。世代の違う人の見解、特に君みたいな近しい存在からの、は私的には読んでいてめちゃくちゃ痛快だし、「なるほど」とハッとさせられる。

携帯やスマホやSNSの普及がモラルを完全に変化させた……って、「もういい年だからどうでもいいや」的に物事を考えるようになってきた私でさえそう思うのに、この時代に「若者」として生息している君には相当な身構えが必要なのだと思う。

便利さと引き換えた恐怖のようなものがたくさんあるよね、この令和には。

「ガンガン遊べ！」は、私も昔よく言われた。主に団塊の世代の男たちに。

ガンガン遊んでる暇も金もないっつーのって思いながら苦笑いでその場を取り繕っていた記憶がある。

ただし、振り返ってみると、「遊び」から得たかけがえのないもの、友人だったりカルチャーだったり会話だったり、がたくさんあったのも事実。

遊びから得たものが仕事に繋がったことも多い。

だから私なら、「自分の糧となる遊びに没頭せよ」と言う。

ただ単に不毛なバカ騒ぎをして遊んでいるだけじゃ元も子もない。

自分に活きる遊びを謳歌するならそれは決して若さの無駄遣いではない。

大人になると、我慢できることと我慢できないことの両方が増える。

昔はカチンときていたことがとるに足らない（心が1ミリも動かない）些末《さまつ》なことになったりする一方で、昔は全然我慢できていたのに（笑って誤魔化せたのに）、年をとってから心が乱れてしまう出来事も。

私の場合は、身近な人に対しての怒りが少なくなってきた分、社会や政治に対しての嫌悪感が増したような。

面倒くさい人間関係が年齢と共に徐々に整理されていく一方で、もうこれは国そのものに憤るしかないみたいな問題がたびたびある。大きな存在へのただの責任転嫁と言われたらそれまでだが。

#34　昭和生まれのボヤき

さて、そんな、周りの人々と「波風の立たない良好な人間関係」を築けている私が、現在困っていること、ときに「チッ」と舌打ちさえしてしまうこと、それは時々やってくる「私を見てよ聞いてよ通信」である。

スマホの普及と共に老若男女どんな人でも簡単に自己発信ができる時代。YouTube（はい、散々見てます）やインスタやツイッターでいろんな人が自分から世界に向けて何かを発信できるって素晴らしいと思う。

送る側も受け取る側も楽しんでいるのなら尚更（もちろん、君が危惧するようにそれが負のループに陥ってしまったら本末転倒だが）。

私が閉口しているのは、そういう、自分のフォロワーや世界に向けて発信しているものに対してではなく、私個人にメールやLINEで発信されてくるものである。

本当に親しい友人たちから送られてくるメッセージは大歓迎だし、共通の何かがある人々とのグループ、仕事にまつわるグループなんかでもいろんなことを共有できるのは誠にありがたい。

ただささ、そこまで親しくないのに、やたらとどうでもいい用件で頻繁にメッセージや画像やどこからか拾い読んだ記事をコピペして送ってくる知人って君にはいない？

しかもこちらが忙しいときに限って。


私はそもそも通信無精というか、特定の人以外とのLINEやメールが苦手なのだ。なのに、「これを食べました」とか、「これ買っちゃった」とか、「今、ここにいます」みたいなのを画像付きで唐突に送ってこられたり、「この記事読んで！」とまるでそうするのが義務かのように送り付けられたりすると、「あのー、私たち付き合ってますっけ？」みたいな嫌味のひとつも言いたいような気持ちになる。

呆れるだけではなく怒りに達してしまうのが、こちらの状況を一切考慮せず藪から棒に「○○って番組見て！」と、自分が今見ているテレビ番組を同時に見るよう促してくる人。

古今東西いるんですよ、そういう人が（昔、携帯電話なんぞない頃にわざわざ家の固定電話にかけてきてそれを言ってくる人もいた）。

在宅ワークが基本の私。これが歌詞や原稿を執筆中だったりすると言いようのない憤りが。

以前はグッと我慢しながら当たり障りのない返信・回答をしていたが、ここ数年ようやく既読スルーという荒技を駆使するようになった次第。

自己顕示欲なのか？　はたまた親切心なのか？　もしかして、かまってちゃんか？

それにしても、なぜこんなにも通信無精な私を「私を見てよ聞いてよ通信」の受信者に選ぶのか、なぜそういう人に限ってインスタやブログをやっていないのか（見事にやってないんです）、不思議でたまらない。

ここまで読んで、冷静な涼太青年は「小竹さん、それって、仕事中や忙しいときはスマホを見なければいいいんじゃないですか？」とボソリと言いそうだが（そのときの君の表情までありありと想像できる）、これまたネガティブ思考で不安症な私、「もしかしたら緊急の要件かも」とか「あの歌詞（原稿）の修正依頼かも」などと作詞家職業病あるある的なことを危惧してしまい、ついつい届いたメッセージを開いてしまうのである。

これこそ小竹的負のループなのだが、こんな公の場で君に愚痴らせてもらったら溜飲が下がった……気がする。

敬具

小竹正人

#35 観てくださる方に幸せな時間を過ごしてもらいたい

拝啓　小竹正人さま

小竹さんの返信を読んでいて、ありがたいことに僕には何でもかんでも連絡してくるような人はいないことに気がつくことができました。

そういった内容を送ってくる方々の理由ってなんなんだろう。

小竹さんは意外と世話焼きで包容力がある（小竹さんご自身がそうは思わないかもしれませんが）と周りの人に思われてしまう……。

傾聴スキルが高いから、頼っていいんだ、仲良くなったんだと思っている方も少なくないのではないでしょうか（笑）。

仕事中に連絡が来てしまうというイライラは、どんな業界のお仕事の方にも共感される話なのではないかと思います。そして気がついたらスマホで違うものに時間を取られている……。

少し前のことになってしまいましたが、Clubhouseというアプリが凄まじい勢いで流行っていました。

事務所の取り決めにより覗くことも出来ないのは少し残念ではありますが、僕たち自身が発信することやその内容の価値を守ろうとしてくれている事務所の考えにはもちろん納得です。

そこでClubhouseを実際に利用している知り合いやその他のネットニュースなどから情報を得ました。

すると「気がついたら朝方までClubhouseで○○さんの配信を聴いていた」「一度トークに入るとなかなか抜けづらくて、気まずいのも嫌だから長居しちゃった」など〝Clubhouse疲れ〟の声もすでにあるとのこと。

もちろん時間を決めてやれば済む話なのかもしれないですし、多くの方々が有益に利用なさっているからここまでの勢いで流行したのだと思います。

この〝Clubhouse疲れ現象〟と僕が最近感じたことを重ねて一つの熱い想いが生まれました。


最近僕も家にいる時間が増え、その時間の使いかたでいろいろと悩まされることがありました。

休みの日も気がついたら日が沈み始めていて、やりたいことが3割終わっていればいいほうで……。そういう経験って休日あるあるではよく耳にしますが、これが数日、また数週間になってしまうと致命傷です。

では何に対して時間を使っているのか。それは明確でした。圧倒的にソーシャルメディアとYouTube。LINEやInstagramなど、仕事上で使用している時間もありますが、YouTubeなどは気がつくと次の動画、次の動画へと、ついつい時間を費やして観てしまうのです。

これについて真剣に考えたときに僕は、「時間が持っていかれている」「誰かに取られている?!」そんな錯覚に苛《さいな》まれました。先ほどのClubhouseのお話は、それがより手に取るようにわかるお話。

〝時間〟は誰もが平等に与えられていて、その時間を誰かに、どこかに、何かに、費やすのです。

生きていくために必要だと思われている〝お金〟と同じです。まさに〝Time is money.〟

ではエンターテインメント業界、芸能界にいる僕たちは費やしてもらう時間にどのようなものを返せるのか。

「あぁ……気がついたらあっという間に1日過ぎてしまったな」と、ネガティブに感じられてしまうのではなくて、まるで夢を現実に見たような、幸せでたくさんの希望を持ってもらえるような時間を過ごしてもらいたい。

まだまだ僕や僕たちが、観てくださる方々に対して出来ることはたくさんある。

いつの時代か、時間こそがお金のような価値を持って、時間と何かを交換したり……？　そんな日が来るのかもしれないなあ、なんて。

敬具

片寄涼太

#36　HIROさんの名刺

拝啓　片寄涼太様

うわ、なんともタイムリー。

君からの手紙を受け取るほんの数時間前にバラエティー番組（かなり前に録画していた『マツコ&有吉　かりそめ天国』）を見ていて、「Clubhouse」なるアプリが流行っていると知ったところだった。

それを見ていなかったら、君にClubhouseと言われても全くピンときていなかっただろう。

それにしてもどうしよう、打ち合わせや会議をそのアプリを使ってやるときが来てしまったら。LINEやYouTubeは気がつけば仕事での必須ツールになっているし……なんてビクビクしていたが、すでにClubhouseは下火になっているんだね。

「アプリの流行り廃《すた》りも矢の如し」で、杞憂《きゆう》に終わってよかったようなますます怖いような。ホント、どんどんネット社会やソーシャルメディアで迷子になっていく私。

それはさておき、先日、青山のスパイラルで開催されていた向田邦子さんの没後40

年特別イベント「いま、風が吹いている」に行ってきました。

向田さんは、私が幼少期の頃に見ていた数々のテレビドラマのシナリオライターであり、とても趣《おもむき》のある文章をお書きになったエッセイストであり、更には直木賞を受賞された小説家でもあった。唯一無二の感性を持つ言葉の達人だったのに、1981年に飛行機の墜落事故で帰らぬ人となった。

生前から今日に至るまで、全く色褪せない向田さんの文章を折にふれ読んでは感銘を受けていた私。このイベントに行くことをそれはもう楽しみにしていた。

本来なら様々な企画の上映・上演もあるはずだったのだが、コロナの影響でそれらは配信のみに。けれど、会場には向田さんの遺した生原稿、愛用品、写真、生涯年表などが展示されていたので、「それを見るだけでも十分行く価値がある」と、朝から意気揚々と出かけた。

いつもの3人組（小泉今日子氏、YOU氏、私）でね。

会場の真ん中に「風の塔」という機織《はたお》り機のような塔が設置されていて、向田作品から抜粋された言葉が書かれた紙が、塔のてっぺんからはらはらと落ちてくるという粋な仕組みになっていた。

この風の塔で流れる音声を担当していたのが小泉さんだったので、彼女がYOUと私を案内してくれるような感じで展示物を堪能させてもらった。

ふと気づくと、今日子がどなたかと話している。スパイラルの館長と、今回のイベントの会場構成（アートディレクション）を手掛けたKIGI（植原亮輔氏と渡邉良重氏によるクリエイティブユニット）のお2人だった。

紹介にあずかり、私はこのお3方に挨拶をさせていただいた。少し（いや、かなり）よそ行きの顔で、館長にはこのイベントがいかに向田ファンにとって興味深いものかを伝え、KIGIのお2人には今回の会場構成がどれだけ洗練されているかを語った。

せっかくだから名刺交換を、ということになり、とても久しぶり（コロナ禍で初対面の方に会う機会がほとんどなかったので）に名刺を出そうとしたとき、手持ちの名刺が1枚しかないことに気づいた私。

その1枚を館長に貰っていただき、「あっ、そういえば万が一のときのためにスマホケースの中に予備の名刺を入れていたはずだ」と思い出し、安堵の想いでスマホケースから名刺を取り出し、KIGIのお2人に笑顔で「オダケと申し……」と言いながら名刺を渡した瞬間、背筋が凍った。

あろうことか私は自分の名刺ではなく、HIRO氏の名刺を手渡していたのである。

随分と前、事務所でHIROさんと私が雑談をしていたときに、マネージャーが刷り上がったばかりの新しいHIROさんの名刺を持ってきたことがあった。

私が把握できないくらいクリエイティブな業務をたくさん担い、数えきれない人々

（エンタメ業界以外の人も含め）と打ち合わせをしているＨＩＲＯさんが名刺を持っていても何の不思議もないのであるが、そのときの私は、「えっ、ＨＩＲＯさんの名刺？」と妙に興奮してしまい、「その名刺が欲しい」と熱望してまんまといただいたのである（しかも何枚も）。

以前も書いた通り、作詞家・小竹正人をプロデュースしてくれているのはＨＩＲＯさんなので、この名刺をお守り的に持ち歩いていたら仕事運がアップしそうだと思ったのだ。で、財布の中やスマホケースの中にＨＩＲＯさんの名刺を忍ばせた。

この私の願掛け行為は、私がそれを自慢気に吹聴したこともあって、それからすぐに所属アーティストの間で「ＨＩＲＯさんの名刺を財布の中に入れておくと仕事運が上がるらしい」とまことしやかにささやかれ都市伝説として広がった。

あっ、話を戻そう。

私から名刺を受け取ったＫＩＧＩの渡邉さんの顔に「？」マークが浮かび、私は敬語を使うのも忘れ「間違えた！」とその場にそぐわぬ大声で叫び、即座に（まるで強奪するかのように）名刺を引ったくって返してもらった。

そして、慌てて「作詞家　小竹正人」と印刷された本来の自分の名刺をスマホケースから取り出し、平謝りでそれを渡した。

すぐに事情を察した今日子が微笑みながらも「あ、他の方の名刺を間違えて出しちゃったみたいですね」と私の代弁者（保護者？）がごとく渡邉さんに説明してくれて、

ＹＯＵが「もう、ＨＩＲＯさんの名刺出さないでよ〜」と例の調子で面白おかしく言ってくれたのでみんなも笑い、変な空気が一掃されその場が和やかになった。

もうさ、こんなとんちんかんで木偶《でく》の坊な私が、新しく流行るアプリなんて使いこなせるわけがないんだよ。

敬具

小竹正人

#37　ワインショップの出会い

拝啓　小竹正人さま

先日、マネージャーさんからこの往復書簡が残り2回のやり取りとなるという連絡をもらいました。

コロナ禍の時間とリンクするように始まったこの往復書簡があと少しという知らせ……世の状況も少しずつ、会いたい人に会えるようになっていくことを暗示してくれているのかもしれません。

多くの方々に自由に見ていただける場所で文章を書く経験は僕にとって貴重な財産となりました。

今まで会員制のモバイルサイトのブログで時折綴ってきたパーソナルな想いに近いものを、小竹さんとのこの往復書簡という場所で表現できたのは新鮮でした。ブログに綴る内容と差別化しようとして、モバイルサイトのほうを多少おざなりにしてしまったことは悔やまれますが……。

さて、あと残り2回のやり取りでなにを書き残せるのかと考えていたところ、とあるワインショップの店主との出会いがありました。

店内でグラス1杯から飲めて、そこで飲んだワインはもちろん、店内に並ぶワインからもお気に入りを選んで買って帰ることができるスタイルの店舗が、最近増えてきています。

僕が仕事の合間によく行く、身体のケアの先生のところからほど近くにもそのような類《たぐい》のお店があり、その店の前を通るたびに気になっていました。

ですが、そのお店は緊急事態宣言下の自粛要請に従って全く店を開けていませんでした。

そんなある日の午後、たまたまその店の前を通ると珍しく営業していました。

これは何かの縁かなあと思い、少し覗いてみることにしました。

アパレルショップでも酒屋でも、初めての店に入るのは多少緊張感を伴う。

思っていたのと違うなあと感じたり、直感的に合わないなと感じたりというお店にも出会ってきた。

ドキドキしながらその店に入ると、店主は入ってきた客を睨むような、怖い顔をなさっていたのです。

僕は正直、無愛想だなと思いました。

でも僕は単純にワインが好きだし、前を通るたびに気になっていたお店だから一通りどんなものが置いてあるのか見てから出ようと思いました。

いろいろと見ていくなかで、このお店に置かれたワインは僕の好みとかなり重なる部分があることに気づき、気持ちが高まっていきました。

この店と出会ったのも縁かもしれないと思い、無愛想だなと思った店主に話しかけてみました。

「ワインがすごく好きなんです。素敵なラインナップですね」

すると店主は、「ありがとうございます。僕が好きなものを置いてるだけなんです。趣味みたいなもんです」とのこと。

ワインについて話をしているうちに、店主は僕に心の内を語ってくれました。

「若いころは同級生と居酒屋とかで飲んでも、なにも気にせず割り勘で食事をしていたのに、歳を重ねていくと行くお店も少し変わる。そんなときに『お前は3杯飲んだだろ？　俺は2杯しか飲んでないのに割り勘なのかよ』と相手が言うようになったことが悲しかった」

そんな風に言ってきた友人とはもう食事に行けないなと思ったんだそうです。

「最近は〝コスパ〟という言葉がよく使われるけれど、食事やお酒はそれだけの世界じゃない。美味しいものには美味しいものなりの価値があって、美味しく生まれてきた食事やお酒に罪はない」

そこで僕は合点がいきました。

「だからこの店主は入ってくるお客さんに怖い顔をしてしまうようになったんだな」

と。

その話を聞いた翌日にも僕はそのお店を訪ねました。

「今日は大切な友人と食事をするから、美味しいワインを買いに来ました」

僕はそう言って赤白一本ずつのワインを購入したのです。

昨日訪ねた僕であることに店主が気づいていたかどうかはさておき、ワインがグラスに注がれたときの花が開くような香りのように、店主の顔に笑顔が咲くことを心から祈っています。

敬具
片寄涼太

#37　ワインショップの出会い

#38 片寄涼太を選んだ理由

拝啓　片寄涼太様

「もしもし、涼太？　往復書簡の連載がもうすぐ終わってしまうらしいよ」

と、君に電話しようかと思っていた矢先、君からの書簡が届いた。

新型コロナウイルスなどという言葉をまだ誰も知らない頃に企画があがり、あっという間にそのウイルスに当たり前の日常を奪われ、コロナ禍ゾワゾワの真っ只中にスタートしたこの往復書簡。

これが終了するということは、コロナウイルスも収束するのだろうか……と祈りのような願いのような気持ちが胸にふつふつ。

以前も書いたが、この連載の執筆中に私はやたらと自分の若かりし日々のことを思い出した。人生を変えてしまった大きな出来事からすっかり忘れていたと思っていた些末なことまで。

私がアメリカ生活を終え帰国して、ホンモノの社会人となったのはちょうど今の君くらいの年齢。

私はアメリカで吸収したもので頭も心もパンパンで、今よりずっと大袈裟な喜怒哀楽を抱えながら生きていた気がする。

この連載での君の文章を読むたびに、自分にもそういうことがあったなあ、とか、自分はこうだったなあ、とか、今の君の状況を当時の自分のそれに当てはめる機会が多々あった。

君からの手紙が着火剤となって思い出の焚き火がどんどん燃えていたような、そんな数か月でした。

君は、時に素直に時に辛辣にいろんな思いを吐露してくれた。


前回のワインショップの店主とのやり取りやもっと前のタクシードライバーとのエピソードなど、君が出会った誰かのこと、君がその誰かに対して抱いた心情、そういうものを読むのが私はとても好きだった。

だってさ、私と君って、食事に行ったり飲みに行ったりしてもあまり他人のことを話さないじゃん？

仕事で会うときはプライベートであったささやかな出来事の話題なんて絶対に出ないじゃん？

この往復書簡をやっていなかったら絶対に知らない「君」をたくさん知れたのは、なんかよかった。

これって先輩的な気持ちではなく、どちらかというと親心の類かも。離れて暮らす君の両親もきっとこの連載をとても楽しんでいたと思う。

さて、この連載が始まった頃に、「往復書簡の相手に片寄涼太を選んだ理由は追々書き綴る」と記していた私。

その理由は実にシンプル。私が頻繁に連絡を取り合っていた大勢の後輩（10代20代）の中で、ずば抜けて魅力的かつ正しい日本語の文章を書いていたのが君だったからです。

普段から仲のいいそんな涼太と一緒に、手紙という名のエッセイの連載をやったら楽しいだろうし、「読み物」としてちゃんと成立するだろうなあと思った次第。

そしてもうひとつ、一番大事だったのが、片寄涼太には「情緒」があるということ。君以外にも、思わず笑ってしまうような楽しいメールを送ってくれる後輩もとても礼儀正しい侍のようなメールを送ってくれる後輩もたくさんいる。

ただそこに情緒が見え隠れしないと私の心には引っ掛かり続けない。

「何を偉そうに」と思う人もいるだろうが、生業が作詞家なくらいだから、私は情緒があること、情緒に溢れるもの、情緒が滲む文章なんかをやたらと重んじる性格なのである。

ありきたりな例えだが、咲いた桜を綺麗だと思い、散った桜を儚《はかな》いと思う、そういう情感を間違いなく君とはズレがなく共有できると長い付き合いの中ですでに知っていたので。

君の文章力は私の想像より遥かに高く、「えっ、こんなに書けるんだ？」と、正直たじろいでしまったほどだったが、文通相手に選んだ君がこの連載を引き受けてくれたことはもちろん、「本当の手紙」を何通も私に書いてくれたことを嬉しく思う。


冒頭でも触れたが、この往復書簡は最初から最後までコロナ禍において行われ、君と直接会ったのはたったの1回（七夕か？　彦星と織姫か？）、それもこの連載に関する打ち合わせだった。

10年前から君に会うときはいつだって美味しいものをいただきながらだったのに、何も飲み食いせずにずっとマスクをしたままで、あの日の会議室の様子は異様な光景として私の脳裏に焼き付いている。

そう思うと私たちはものすごい時期に手紙を交わしていたのだね。忘れたくても忘れられないいね、きっと。

ちなみに、次回の私から君に送る手紙がこの往復書簡のホントの最終回。

私は、「返事の来ない手紙」を書くことになる。最後だからこそ、誰も興味がないような私自身のことを綴りたいと思う。

最後だからと気負わずに、焚き火の火が小さくなるみたいにゆる〜い感じでね。

さて、片寄涼太、今回のこの手紙への返事が、私が君から受け取る最後の手紙になる。果たして君は何を綴るのだろう？

敬具

小竹正人

#39 「知らない自分」に出会えた場所

拝啓　小竹正人さま
　この往復書簡が始まる頃の打ち合わせで「初めは僕が書いたほうがいいと思う」と提案させていただいたことを思い出した。そのときは「返事の来ない手紙」を最後に小竹さんに書かせることになるとは全く思っていなかった。

　僕としてはこのメッセージが最後。あえて僕の短い人生のなかでの、些細な思い出話のようなものを綴らせてもらおうかと思います。

　なんてことのない物や出来事を通じて、必ずよみがえるエピソードがあります。

　例えば割り箸を割るたびに思い出すこと。僕は割り箸を割ったあと、割れた箸同士の割れた面を合わせて擦るクセがあるのですが、小竹さんとの食事の席で割り箸を割ったときにそれを「いま何したの？？」と揶揄《からか》うように突っ込まれたこと。

　またこれも食事をご一緒しているとき。食事も一通り済みそろそろ帰ろうかという頃、小竹さんが結露したグラスに付いた水滴を何気なく指で引っ張ったことがあった。「こういうのを歌詞にするんだよ」とボソッとおっしゃった数年後に生まれた

GENERATIONSの『Stupid～真っ赤なブレスレット～』という楽曲。その歌いはじめは「曇ったガラスを　指でなぞったら　水滴散らかしながら　一本の線ができるYou know」でした。

なんの巡り合わせかそのパートを僕が歌うことになったのですが、僕の脳裏には歌うたびに必ずそのときの画が鮮明に浮かぶ。でも何も知らずに歌詞だけを見たら、これは冬の窓ガラスなんだろうなと想像する人は少なくないだろうなとも思う。

小竹さん自身が僕との食事の席でのそんな一瞬を覚えているとは考えにくいのですが、僕自身はそんな些細なことを妙に頭にこびり付かせてしまうことがあるのです。

親からもらった言葉でも忘れられないものがある。

「こんにゃくはお腹の掃除をするんだよ」と母から言われ、子ども心に〃お腹が掃除される〃ことを想像して必ず食事の最後に食べないと気が済まなくなったこと。まだ4、5歳の頃に「『チュウトハンパ』という言葉の意味がわからない」と母と買い物をしているときに聞いたことがあった。すると母は乗っているエスカレーターのひとつ上の段に片足を乗せて「これが『中途半端』だよ」と教えてくれた。

この話を母にしたら、もちろん覚えていなかったのですが、もし自分に子どもができて同じことを聞かれたら、同じように教えてあげようと思う。

小竹さんが書いてくれたように、確かにこの往復書簡を通して、僕自身も「知らない自分」に出会うことができたのだと思いました。

でもこういった些細な思い出を記し、思い返せるような場所だったなら、その自分は決して「知らない自分」ではなくて、僕自身が大切にしてきた「大切にしたい自分」だったんじゃないかと思う。

「自分を大切に」と言うと、自己愛やナルシストっぽいかもしれないですが、この往復書簡を通して「僕自身が好きな片寄涼太」をお届けできたのではないかな。

この往復書簡を覗き見してくれた読者の皆さまにとって、ほんの些細な……でも頭にこびり付くような言葉や思い出が少しでもお届けできていたらなと願って。

小竹正人さま、心から……ありがとうございました。

敬具
片寄涼太

#40 「また、アシタ」

拝啓　片寄涼太様

２０２１年4月某日。

朝6時半に起きる。起きてすぐに弁当作り。いけしゃあしゃあと自分で言わせてもらうが、私は料理が得意だ。けれど、誰かのためにごちそう的なものを用意してそれをふるまうのは趣味じゃない。私が好きなのは「弁当作り」なのである。

弁当作りは作詞に通ずる。小さな弁当箱の中に栄養バランスを考慮しながらも彩りよく自分の作ったものをみっちりと詰めるという作業が、音符たちに独自の言葉を乗せて1曲の歌詞を完成させることにそっくりなのだ。やり終えた後に気持ちのいい達成感があるところも似ている。

今日の弁当は、私の家の目と鼻の先に住んでいるＨＩＲＯさんの子どもが幼稚園に持って行く。こんなふうに私はたまにお子様弁当作りを自ら申し出る。最近気づいたのだがこれが今の私の最高のストレス解消法（毎日の日課や任務になったら絶対に楽しめないいが）。

ちなみに、弁当作りの際の味見やつまみ食いが私の朝食。10時前に洗濯と軽い掃除を済ませ、そこから昼まで作詞。きっちりと部屋が片付いていないと私は執筆ができない。しかも執筆集中力は2、3時間しかもたない。

今日書いた歌詞はロマンティックがダダ漏れのラブソング。ふと「最近、救いようのないドロドロの失恋の歌詞を書いてないな」と思う。小竹正人の代名詞のような病みソング（自虐含んでます）をそろそろ書きたい。

午後1時、風呂に入り、腹が減ったので今朝の弁当のおにぎりとおかずの残りを食べる。またまたしゃあしゃあと言わせてもらうが……美味しい。私は自分が作った甘すぎる卵焼きや紫蘇のふりかけをまぶして塩辛くした茹で野菜が大好きだ。料理が得意と豪語しておきながら何だが、私の作るものは万人受けしない味なのかもしれない。しかも私、昔から温かい食べ物より冷たい食べ物が好き。特に白米。炊き立てより冷や飯の方がずっと旨いと思う。

食後、読書でもしようと思った矢先、涼太から往復書簡の返事が来る。これが涼太からの最後の手紙。今までの涼太からの手紙の中で最もグッとくる内容だったこともあって、この連載が終わるのが無性に淋しくなる。

しかし、涼太が書いてくれた昔の私とのエピソードをどれひとつ覚えていない薄情な私。私はなぜこんなにも過去の自分の言動の記憶をすぐに喪失してしまうのだろう。

#40 「また、アシタ」

午後3時ちょっと前、上戸彩ちゃんとその子ども（私の天使）がふらりと我が家に来る。完食してくれた空の弁当箱を持って。

我が家に来た途端、「おだちゃん、ハロハロを見せて」と言う天使。すぐさま、録画してある『Eダンスアカデミー』（NHK　Eテレ）を再生。

私が作詞してGENERATIONSが参加してくれたこの番組のテーマソング『HELLO! HALO! (feat. DANCEARTH)』（通称ハロハロ）の初オンエア以来、すっかりこの曲の虜《とりこ》になった天使。我が家に来ると必ず見て聞いて歌って踊っている。

今日初めてこの曲のテレビパフォーマンスを見た彩に、「ママも一緒に踊ろう！」とレクチャーし始める天使。2人でテレビの前で踊っている。ときどき「そこはそうじゃないよ」とママにダメ出ししているのがおかしくて、笑いをかみ殺しながらこっそり動画を撮る私。ひとしきり踊った後、2人は風のように帰って行った。

それにしても、天使が夢中になってくれる曲の歌詞を書かせてもらえるなんて、作詞家冥利に尽きます。そう言えば「Ｈａｌｏ」という単語には「天使の輪」という意味があるんです。

夕方。近所の100円ショップに消耗品の乾電池やらビニール手袋を買いに行く。ついでに青果店でイチゴを買い、それを持ってＨＩＲＯさん宅へ。夕飯を一緒にいただく。食後は、ひたすらＨＩＲＯさんの子どもたちと遊ぶ。

午後8時。ヘトヘトになったところで帰宅。寝るまでダラダラ。

これが、ごくごくありふれた私の日常。もしかしたら他の人には全然平凡ではないのかもしれないが、私にとってはこれが平凡。

非凡を求め続けてたどり着いた平凡、それが私の幸せである。

さあ、明日は涼太との初対談の日（詳細は追々）。久しぶりに直に会って、色んなことを話す予定。間違いなく話が弾みすぎて、間違いなく世間には公表できないような話題も出て、担当の人が困るんだろうなあ。これ、私がインタビューを受けたり対談したりしたときのあるある。

あっ、涼太。明日、この往復書簡の最終回用に君の写真を撮るからね。最後の写真だから、とっておきの笑顔を見せてもらおうじゃないか。

それじゃ、「また、アシタ」。

敬具

小竹正人

第二部　往復談話

さすがの終わり方だ！

小竹　最近何してた？　私は仕事をやりつつも友人や知人の子どもたちと遊びまくり。

片寄　小竹さんは最近作詞を精力的にやってますよね。

小竹　仕事をセーブするって言ってたのに、すごいやってる気がする。

片寄　『HELLO! HALO! (feat. DANCEARTH)』（ＮＨＫ　Ｅテレ『Ｅダンスアカデミー』テーマソング）もそうですね。

小竹　作詞自体は前ほどしてないかな。ほんの少し潜伏中みたいな（笑）。

片寄　僕は、グループの活動も再開し始めたので、自分たちの番組や音楽番組の収録、新曲のリリースをしていました。あと、レッスン系は多いですね。歌のレッスンとか、英語、中国語とかをやってます。往復書簡で書いていた殺陣は最近できてないんですけど。気をつけつつ、みんながこれまでの生活に戻ろうとしてますよね。意外としぶといですけど、コロナも。

小竹　しぶといよ、もう。

片寄　すごい時代に生きてるなと思いますね。

小竹　すごい時代だよね、こんなこと、今までの人生で一度もなかった。

片寄　絶対歴史に残る。100年後も、きっと「この2年間、世界中で新型コロナウイルスが……」って書かれるんだろうなと思います。そう考えると、すごい時代ですよね。

小竹　そんな最中にやってた連載が終わっちゃったね。

片寄　「無事に最終回まで終わってよかったな」って思ってます。最終回なのにこんにゃくの話とか、小さなことを思い出すような感じで終えたので、「僕はこうやって終わっていくのか」と思いました（笑）。

小竹　でも、読んでいる人は、そういう小さなことを知りたいんだと思う。今まで物を書いてきた中で、小難しいことを書くと読み飛ばされる可能性があると感じて。むしろ日常のつらつらしたみたいなことのほうが読みたいのかなと思った。

片寄　小竹さんの最終回は、「小竹さん、さすがの終わり方だ！」って思いました。

小竹　ジェネ（GENERATIONS from EXILE TRIBE）の曲の『また、アシタ』を、いいもの見っけたと思って使ったの。最終回の一つ前の回が最終回みたいな気持ちで書いていたし、本当の最終回は、「終わりますよ」っていう感じが嫌だったから、「続きますよ」って気持ちを込めて「また、アシタ」と。しかし、往復書簡の文章、全体的に結構な量になったよね。

片寄　結構な量ですよね。最終回、周りからの評判が良かったです。そして毎回の締め切りは辛かったです、辛かった。全部スマホで書いて、でも読み返さないと、やっぱり心配じゃないですか。だから、出来上がってから次の日の朝にもう一回読み直すという「自分校閲」を、何回かしないと出せなかったですね。

小竹　涼太は締め切りというものがほぼ初めてだよね。じゃあ結構優秀だよ。

片寄　いやあ……。

小竹　まあ、原稿は遅かったね（笑）。特に連載後半。

片寄　遅かった。書けないときは、もう、書かなかったです。だって、書けることがなくて。でも、それこそ後半は人との出会いについて書くのが多かったと思うんですよ。「あ、これは書ける話だ」という出来事に遭遇すると「ネタ、ありがとうございます」と思って。

小竹　日常がネタ探しみたいになるんだよね。

片寄　でも、それはすごく良い経験でした。普段から、話すことや書くことを考える癖をつけるのは大事だなと思いましたね。

小竹　あとは校閲（文章の内容や文字の正誤、適否を確認すること）が入るという便利さ、ありがたさはすごい感じるよね。往復書簡の校閲は神様だった。

片寄　安心感とありがたさでした。補助輪を付けてもらえてる感じがしました。

小竹　涼太の文章は、書くのが初めてとは思えないほどきちんとしていて、ちゃんと勉強してきた子なんだなっていうのを感じました。経験がなかったのに、いきなりであれだけ書けるのはすごいなと思った。本当に自分で全部書いてるアーティストとか、実は少ないと思うし。

片寄　小竹さんが、僕の書いた、日常の出来事の話がすごく好きだって書いてくださったのは嬉しかったです！　僕も、自分が日常の出会いのなかでどういう感情になっているかということを残せたのは、すごくよかったと思います。そうしたパーソナルな話って、意外と大切な人にしかできないものですよね。親とか、周りの人とかが、「すごく好き」って言ってくれて、「楽しみにしてた」って言ってくれる人が結構いました。

小竹　これ、涼太のお父さんとお母さんが定期的に読んだら嬉しいだろうなと思ってた。

片寄　後輩の（川村）壱馬とか、（中島）颯太くんも「面白いですね」って言ってくれて。

小竹　（佐藤）大樹も言ってた。

片寄　言ってた。「書くの大変じゃないですか」って言われたから、「むっちゃ大変！大変だよ」って言いました。

小竹　そうか、大変なんだね、そうだよね。

片寄　はい、楽ではなかったです。文字数がわかるアプリみたいなのをダウンロードして、「だいたい、ここが目標だよね」って、1200字ぐらいを目標に到達するようにって書くと、「ええっ、まだ800字」みたいな感じ。

小竹　そっか、真面目なんだよねえ。私は文字数とか考えてなかった。ただただ楽しくやってた。文字制限がないって、こんなに楽なんだって。こうやって好きなことを書いてと言われると、自分のことは誰にも知られたくないと思ってたのに、こんなにベラベラ自分のことを書いちゃうんだと思って、新しい発見ではあった。私はずっとエッセイを書いてきていたし、プロフェッショナルとして書ける土俵で、しかも相手は涼太だから、もう精神的には楽で楽で。「そんな真面目に来るんだ」と驚く原稿もあったけど、「調べなきゃ」みたいなことはなかったし。あとは2週間に一度の締め切りっていうのが、ものすごい楽。これが週刊誌で連載とかだと、絶対苦しい。

片寄　小竹さん、確かに「長っ」みたいなとき、ありました。

小竹　作詞、歌詞は、曲のサイズに合わせて書くから、そのストレスがある。音楽に乗せなくていいとなったら、すごい書きやすくて楽しかった。

片寄　小竹さんは楽なんだろうなって、すごい思ってました。

小竹　楽ちんだった。大体家でパソコンで書いてたけど、書き上げるのもめっちゃ早かった。仕事で地方にいた時は、下書きをスマホに書いて。でも絶対それだけだと、落とし穴が死ぬほどあるので、それをパソコンに転送して直してた。たぶん、涼太から返事が来たら、3日以内には提出してた気がする。なんせ、せっかちだから、書くのがすごく速いので。

片寄　ネタ作りで、小竹さんとご飯とか行ければよかったなって思うんですけど、自分の中でもプライドがあって、自分の書いている回の時に食事に誘うのは、確実にネタ作りじゃないですか。だから、小竹さんに投げたあとに、「ネタ作りじゃないですよ」という体で食事をお誘いしようと思うと、すぐ原稿が返ってくるから、誘えないじゃんって。

小竹　涼太のほうがちゃんと手紙っぽかったよね。こっちは好き放題書いて、最後のところで涼太に返事を書くみたいな感じだったな。

意外とすごいこと書いてくるじゃん！

小竹　コロナの時期だったからこそ、涼太は連載を乗り切れたとこはあるでしょう。ドラマもライブもなかったよね。

片寄　はい、オンラインライブだけでした。

小竹　２０１８年とかのスケジュールで、あの締め切りだったら、無理だよね。

片寄　もう、寝られなかったと思います。あと、書く内容が変わってましたね。もっと日常の「この現場でこういうことがあった」とかをリアルタイムで書いて、日記っぽく書き残すことしかできなかったかもしれないですね。自分が25、26歳の人生四半世紀という時期に、その時に思ってたことや、出会ったことを記せたのは、今後また読み返したときにも面白そうだなと思いました。あとは、書くことが嫌いじゃないんだな、嫌いだったら、あんな風にならないだろうなと思って。ちょっと大変だったっていうのは正直あるけど、けっこう楽しかったです。

小竹　2人でご飯を食べているときに「往復書簡やらない？」って言ったんだよね。

片寄　そうでした。

小竹　連載の話をいただいてから、涼太に声をかけたときは、コロナのコの字もなかったから、涼太とLINEをしてて、「この子、文章力あるよな」と思っていて誘ったんだよね。同じような内容を送ってくる人が多い中で、ちゃんと手紙っぽかった。そういうところは、仲良い悪いは関係なくちゃんと見る。だから「やるんだったら涼太だよな」と思って。しかも、往復書簡スタイルだと、締め切りも2回に1回だし……。そういうずるいアイデアもあった（笑）。涼太となら、難しいところに行き過ぎず、でも絶対つまんなくならないだろうと思って。始めたら「意外とすごいこと書いてくるじゃん！」と驚いた。

片寄　もうちょっと手紙っぽくてもよかったのかなあとも思います。でも、やっぱり不安定な時期だったから、書いた時の原稿が、その時のリアルだったのかな。

小竹　知り合って10年のうち、1年間も会わないとか、まずなかったよね。

片寄　ほんと、そうですね。あとは、往復書簡の最初のほうにそうしたやり取りをしましたが、連載を最後まで終えて、言葉はやっぱり大事だなと感じました。今は、言葉を意識していない人も多いと思うし、言葉の大切さが失われつつある気がします。人に対して言葉が与えてしまう影響は実はすごく大きくて、人にかける言い方一つで、感情が変わってしまう人もたくさんいる。僕は「なんでこの人、こういう言い方をするんだろう」とか、「そういう言葉を使うんだ」と人に思ってしまうタイプだから、そういうところをベースに伝えられる部分とかあったりするのかなと。今、振り返るとですけど。

小竹 活字離れがすごいよね。私が本を出版したときにも「世間の人ってこんなに本を読まないんだ」と思った。本をあげても読んでくれない人が多くて(笑)。自分にとってはそれこそ「ラーメン」と同じぐらい「往復書簡」って当たり前の言葉だけど、そんな当たり前の言葉を知らない人が多すぎる中で、涼太はやっぱり言葉を知ってるなと思った。自分で簡単翻訳機みたいなものを頭の中に入れて、話す時にはそれを使わないと話が通じない人が多い中で、HIROさんや(小泉)今日子と話すのと同じ言葉でしゃべれる、数少ない若者だと思う。

片寄 本を読まないよりは、絶対読んでるほうがいいと思うんですけど、本を読んでいても「なぜこの言い回しなのか」というところに、意識がいくか、ちゃんと感情が動くかどうかというのも大事だと思います。お芝居とかもたぶんそうですけど、「なぜこの台詞なのか」とか考えますよね。言葉を選ぶことをせずに、自分の感情だけで話す人だと、素敵さに欠けると思います。僕も、まだまだなんですけど。
小竹　みんなに言いたいのは、やっぱり本を読んでください、ということ。今回ぜんぜん言葉に興味がない涼太ファンの子、それこそ「往復書簡」という言葉自体を知らなかったような子でも、連載開始以降、興味を持ってくれるのを感じて嬉しかった。普段、インスタとかブログとかは見てるけど、本は読まないという若い子たちに、涼太が書くことで読む機会を与えてるのがすごくいいなあと思う。自分たちの世代は、本を読むって、スマホ見るのと同じぐらい普通のことだったけど、今は違うよね。

きっかけは「ご飯に連れて行ってください」

片寄　小竹さんとの出会いは、すごくよく覚えています。HIROさんが、「俺の親友だから」と連れてきたのが小竹さんでした。「何もんじゃ、この人！」と思って。
小竹　涼太と会った頃は、LDHがまだ、所属のアーティストが3、4組しかいなかったから、ものすごいアットホームな会社だった。
片寄　まさにファミリーっていう感じですね。
小竹　その時に涼太の受けたオーディションをテレビ番組の『週刊EXILE』で放送していたからよく見てた。涼太はすごく子どもだったよね。
片寄　僕はいちばん年下で、受けられる資格自体が15歳から25歳って決まってるうちの、15歳だったんです。ぎりぎり入れたみたいな感じで。

小竹　だから、すごい可愛い少年が出て来たなあって思ったら、親友のYOUが、たまたまその番組のMCで、「片寄くん、泣ける〜」って言っていて。あの人も同世代の息子がいるから、親目線だったんだと思うんだけど。そこから「YOUが推してる片寄くん」として見てて。でも、今市（隆二）、登坂（広臣）、片寄の3人は、絶対残るだろうなと、実は思ってた。

片寄　僕はそんなふうになるとはまったく思ってなかったです。EXILEのHIROさんとATSUSHIさんが実際に一次審査の会場に来るんですよ。「会えるじゃん」と思って行ったぐらいで。

小竹　だから、涼太と初めて会った時の印象は、「テレビで見てた子を、実際に見た」なんだけど、それがいつだったかは全然わからない。当時毎晩のように事務所の人たちで飲んでいたので、その場に「決まりました」と連れてこられたんだよね。

片寄　そうです。ファイナリスト10名に、最後、残ったんです。赤坂BLITZでの最終審査が終わって、そこに、小竹さんがいらっしゃったんです。僕にとっては、オーディションの半年間はすべてが刺激的で、ただの高校生から、あれよあれよと世界が変わっていく半年間。そんな、何もかも意味がわからない中で、小竹さんに出会いました。「ああ、この人は、HIROさんの大親友の人なんだな」と認識していました。HIROさんは、その当時「いろんな人に可愛がられなさい」「ご飯に連れてってくださいと言いなさい」というようなことをおっしゃってたんですね。だから、小竹さんにも「ご飯に連れて行ってください」と言ったんです。そしたら、小竹さんが「本当に行こうって言って来た10代の子なんて、ほとんどいない」って、もう今はない代官山のXEXという店に連れて行ってくれました。

小竹　それが初めてご飯食べた時なんだ。三茶（三軒茶屋）の鍋屋さんが初めて二人で行った店だと思ってた。なんで、そんな記憶力いいの。まだ高校生だったよね？

片寄　16歳とかでした。あんなお店ももちろん行ったことがなかったから、「何じゃ、こりゃ」と。

小竹　当時、会員になっていたお店の個室をよく使ってたんです。

片寄　そんな少年を、素敵なお店に連れて行ってくれたんです。でも、お店のことは覚えていても、何を食べたとか、どんな味だったかは、覚えてない。そのぐらい、衝撃的な世界でした。

小竹　私も記憶がない、そのお店の記憶はあるけど。

片寄　小竹さんにはご飯によく連れて行っていただいてましたね、代官山とか三茶とか。僕が当時世田谷線沿線に住んでいたので。

小竹　そう、三茶で待ち合わせして。当時は毎晩のようにお酒を飲んでいたので、たまに休肝日が欲しくて、あえて10代の子を誘って、ご飯だけ食べて、酔っ払わずに普通の話をするっていうのが自分の中で秘かに流行ってた。

片寄　でも、18歳ぐらいまで、小竹さんの言ってること、本当に意味がわかってなかったと思います。わかんない話ばっかりだから、ずーっと聴くんですよ。「何、言ってるんだろう」って感じだった記憶がある。

小竹　私の方は、この子、ちゃんとこっちが言ってることがわかってるなと思ってた。

片寄　わかろうとしてたんだと思います、すごく。

小竹　涼太には、最初から使う言葉を選ばなくてよかったのが楽だった。さっき言った簡単翻訳機みたいなしゃべり方じゃなくて、普通の自分の言葉でしゃべっても、普通に理解してたから、「あ、この人、ちょっと楽かも」っていうのがすごくあった。

片寄　僕の中でも、動物的本能みたいなところで「なんか違うことを言う人だな」と思ってました。小竹さんは周りの大人たちとも違って、とても異質な存在だったんです。不思議でしたね。「この人は何を言いたいんだろう」と思いながら、ずっと話を聴いていたという記憶が残ってます。とにかくすべてが新しくて、必死だったんですよ。周囲が求めてるものに応えなきゃいけないと頭がいっぱいだった10代だったので。22歳を超えてから就職するのではなく、17、18歳の時のデビューだから、周囲より早く社会経験をさせてもらうわけじゃないですか。大人が言うことに追いつかなきゃっていう意識がすごいありました。その中で、小竹さんと会話してるときは、確かに、僕も楽だったし、違う視点から物事を感じられましたね。

小竹　若い子に、どこまでわかってるだろうかと探りながらしゃべるのが面倒くさいなあと思ってて。もちろんそれはちゃんとしなくちゃダメだとは思っていたんだけど、普通に自分の近しい友達に話す口調で話しても、涼太はちゃんと理解してた。理解したフリをしてたら、きっと気づくよ。

片寄　小竹さんの話は、自分が腑に落ちる年齢じゃなかったかもしれない。まだ実感もないし、仕事っていうことが何かもわかってない。でもだからこそ一生懸命聴いていたんだと思います。「こういう人もいるんだよ」とか、「こういう時はこういうふうにするんだよ」みたいなことを、直球じゃなく、カーブボールやスライダーで投げられて、必死で受けてるみたいな感じだったような気がする。「いつ使えるんだろう、この引き出し」みたいなものを、いっぱいもらってた気がする、変な表現ですけど。

小竹　一人暮らしをするって聞いて、心配と好奇心で見に行ったのは涼太と、同じくジェネの（佐野）玲於の二人だけ。子どもを一人暮らしさせた親の気持ちだと思う。普段、ご飯を食べているときに話すのは、年齢差をあんまり感じないんだけど、部屋の様子を見に行ったときは、完全に親心。私はものすごく心配性なので、「ちゃんと掃除してるかな」「収納の仕方、間違えてないかな」とか、そういうのをチェックがてら行きました。

片寄　小竹さんの家のすごく近所に引っ越したんですよね。小竹さんに「あの界隈がいい」ってすすめられて、ちょうどいい物件が出てきて……。

小竹　自分で調べたんだよね。大体みんな、事務所の人に頼むんだけど、自分で不動産屋に行って調べてきて。

片寄　そういうタイプなんです。

小竹　そう、そういうタイプなのが、ちょっと楽。自分もそういうタイプで、一人で平気な人が楽なんです。でも、二人でご飯を食べた時、何を話したかとかは全然覚えてないな。

片寄　……ですよね（笑）。すごく楽しかった思い出です。

小竹　基本的に、涼太とは一対一が、いちばん多かった。なぜなら、一対一じゃないと、お互い違う人になる。二人きりになると、素が見えるんだけど、他の人がいると、その人に気を遣っちゃう。一対一のほうが、真っ向勝負みたいに話せるから、いいのかなあって思う。

片寄　確かに、そうですね。もしここにジェネのメンバーたちがいたら、僕はたぶん、小竹さんといちばん遠くに座って。

小竹　たぶんしゃべらない。飲む場所では、まず一対一では絡まない。

片寄　変によそよそしくなっちゃったりするかもしれない。

小竹　そう、涼太と私が仲良いことを知ってる事務所の人間が、意外と少ないから、往復書簡で涼太を指名して驚かれた。前に涼太の写真集の、『グッバイ、ホワイト』に文章を書いて少し知られたくらい。

片寄　それは今までで唯一、僕が小竹さんにおねだりしたことです。「そんなの余裕できるよ」みたいな感じでしたけど。

出来の良い弟と、変わった兄!?

小竹　涼太といると、とにかく楽で、一人でいるみたいになれる。昔、大勢の会食のときに、私と涼太と、三代目のオミ（登坂広臣）だけ、いつも温度が違うと思ってた。私はものすごく周りを観察するタイプなので、「涼太とオミだけ温度が一緒だよな」って。それは、「冷めてる」「つまんなそう」じゃなくて、お祭りっぽくないの。サーモグラフィーみたいに、みんなが赤いのに、「三人、ちょっと青いよな」みたいな。

片寄　わかる気がします。不思議ですねえ。

小竹　性分だよね、きっと。例えば、前日に二人きりでご飯とかに行ってても、次の日に大勢で会ったときにはしゃべらない、みたいなところがある。

片寄　なんでしょうね、ほんとに。言葉で表すのが難しい。僕にとって小竹さんは、往復書簡で書いた通りで、やっぱり兄的存在なんです。僕は兄弟がいないんですけど、兄がいたらこういう感じなのかなと。きっと兄弟だと、話す内容についても気にしないじゃないですか。「こういうことがあって、どうのこうの」と、何気ないことでも話せる人です。

小竹　私たちの関係を表すと、すごく出来の良い弟と、ものすごく変わった兄っていう感じが、いちばんしっくり来るかも。

片寄　一回だけ、コロナ禍の時に、小竹さんから「電話しよう」ってLINEで言われて、「今、大丈夫ですよ」って電話したら小竹さんの最初の一声目が、「……で？」って（笑）。すごい印象的でした。たぶん、覚えてないと思うけど。

小竹　電話したのは覚えてるよ。職業が書くことだから、最近はプライベートで何か書くことが異様に嫌で。ちょっと内容のある話をしたいときは、もう、文字を打つんじゃなくて、しゃべったほうが早いなと思って、電話する。その癖、「……で？」って言ったんだ？　そういうとこ、あるよね（笑）。

片寄　でも、自分がモヤモヤしていたことについて話すと、いい言葉をたくさんいただいて、すっきりします。小竹さんは、話を「まとめる」んではないんです。僕のことをわかってくれる。「ああ、わかるよ」という、共通言語が多いのが、ありがたいというか。僕はたぶん、人として褒めてほしいんです。それを、小竹さんは自然としてくれているのかなって。

小竹　自分で言うけど、意外と褒め上手ではあると思う。だけど、人を奈落の底に落とすようなところもある（笑）。なんだろう、その差は。こういう対談の時より、二人でご飯に行ってるときの方が、傍から見たら、もっと仲が良いよね。二人とも盟友みたいな感じがある。私は旅行は基本一人で行くんだけど、涼太となら一緒に行けるかも。部屋は別で、有り余る自由時間を作ってそれぞれで行動して……。一緒に観光とかしたり。

片寄　面白そうですね。

小竹　それができるのはやっぱり情緒につながっていると思う。旅行に行って、例えば桜がすごく咲いていても、そこにきれいな海があっても、ずっとスマホを見てる人とかは、情緒がないと思う。友達の船に乗ったとき、「こんなの見たことない」っていうぐらい、目の前の海に大きな夕日が沈んでいるのに、携帯いじる人を見て、「なんて情緒がないし、どういう育ち方をしてきたんだろう」って思った。

片寄　そういう夕日とかを見てぼけーっとしたいですね。

小竹　涼太とは別に「感動するね」と言い合わなくてもいいし、「私はこっちで見てるから、向こうで見ててよ」みたいな感じでもできるし。

片寄　できる、できる。

小竹　一人っ子独特の、一人上手はあるよね。

片寄　ありますね。そう言われても、何も傷つかないです。「おいっす！」という感じ。

歌は帰ってこられる場所

片寄　僕は歌というものにここまで連れてきてもらっているので、どこに行っても自分自身が帰ってこられる場所にしたいと思っています。毎日、声を出す意識はしてますね。「しなきゃ」になると苦しいので、楽しくやろうと思ってますけど。

小竹　涼太の一番最初の歌の記憶ってなに？

片寄　最初かはわからないんですけど、印象的なのは、往復書簡でも書いた母親が洗濯物を干している後ろで、『硝子の少年』を1オクターブ上で歌っていた記憶ですね。母が趣味でコーラス団に入っていて、赤ちゃんの時どころか、母のお腹にいるときからずっと、そのコーラス団に行っていたんです。そこでコーラスを聴いていたりとか、母が家で練習してるのを聴いて、美空ひばりさんの『真赤な太陽』を一緒に歌ったりしてました。父も音楽の教師で、音楽はずっと身近にありました。父が急に「ホーミー」を練習し始めたこともあったな。「ホーミー」は、モンゴルの唱法で、二重で自分の声を出すっていうもの。「ウィウィウィ〜」って言って、二個音を出す。「何やってるの」って感じでしたけど。そういう変な家でした。でも、デビューする前に人前で歌うことはあんまりなかったです。高校1年生の時の文化祭で、歌うことになりそうになったけど、ちょうどオーディションで。どっちかっていうと、歌よりはピアノのほうが人前で披露する機会が多かったですね、卒業式でピアノを弾いたりとか、伴奏で弾いたりとかっていうのは、よくありました。

小竹　そういうエピソードが欲しかったんだ。往復書簡でも書いたけど、私はピアノをやめたことだけは、本当に一生後悔してる。

片寄　ピアノは、やっててよかったなと思いますね。僕の中では、唯一自分の意志で始めたものじゃない習い事だったんですけど。父も音楽教師で、ピアノが家に二台あって、「やらなきゃね」という環境にあったから、4、5歳ぐらいからやってました。伴奏をやったのも、目立ちたいという感情より、みんなで並んで歌うより、ピアノを弾くほうが人と違って面白いかもって思ってたんです。

小竹　うちも二台あったけど、ピアノやってないよ。姉はピアノやってたけど、なんで二台あったんだろう。当時は裕福だったからかな。おもちゃは買ってもらえないけど、本とレコードは絶対買ってもらえるという家だったんだよね。

片寄　高級なものだったんですか、レコードって。

小竹　高級だよ。当時で、アルバムが三〇〇〇円くらいで、シングルが七〇〇円とかだったよ。それを子どもに好きなだけ買い与えるのは、客観的に、風変わりな親だなと思う。

片寄　実家にYMOのレコードとかありました。

小竹　私も持ってた。

片寄　父がYMOをすごく好きだったんですよね。だから、E-girlsがYMOをカバーしたときに、いいなあと思いました。

小竹　ピアノに話を戻すと、ピアノの先生が嫌だったんだよね。人から物を教わったり、人に物を教えたりするっていうことが、あんまり好きじゃないみたい。

片寄　僕は、父の血かもしれないですけど、教えるのは嫌いじゃないかも。何かを教えるとか、教え方を考えるのはすごく好きですね。言葉の選び方によって、受け取る方も変わると思うし。でも、実際に教えているかというと、あんまりしてない。人を選んじゃうかもしれないです。自分がどこまでこの人に話していいんだろうかと思ってしまって。

小竹　私は書いてるときに歌わないと書けないから、そういうのは歌うけど、自分が書いた歌詞を鼻歌とかで歌うことは、ほとんどない。あとは「仮歌の仮歌」用は歌う。意地でも歌詞を直されずに通したくて、「仮歌の仮歌」を自分で入れるようになった。それを仮歌を歌う人に渡して、涼太たちが聴く、みたいな流れにしてる。この世でいちばん好きな言葉が「重版」「重版出来《しゅったい》」、いちばん嫌いな言葉が「書き直し」「修正」だから。原稿の校閲の指摘は「そうなんだ。なるほど」とありがたく受け入れられるけど、なぜか歌詞の書き直しはすごく嫌。だからタイアップとかちょっと苦手。

片寄　その感覚はわかります。だって、子どもが生まれて「この子、やり直し」って言われたら……嫌だ。

小竹　ちょっとそういう感じかも。「じゃ、あなたが直してください」と言いたくなる（笑）。

片寄　そのぐらいの気持ちで、自分が生み出すものが好きだし、プライドがあるんですよね。「プライド」っていう言葉は違うかな。「具体的に何が」って言われると、例が思いつかないんですけど。

絶望みたいな曲が好き

小竹　この往復書簡は、自由に書かせてもらった分、作詞家というものを見つめ直せたきっかけにもなって。作詞は音楽ありきで、音符に歌詞を乗せるから言葉の制限がすごくあって、小説やエッセイでは使えても歌詞には使えない表現や言葉もすごくある。作詞家って自分が思ってたより案外難儀な職業なんだなあと、今更自分の本業を客観視できた（笑）。あとは、私は明るい曲も死ぬほど書いてるんだけど、ものすごく暗い詞を書くイメージがあるみたいで、それを払拭したいなというのもあった。病み曲の神みたいなことを感想で言われるから（笑）。涼太が書く歌詞は素直だなって思う。歌詞がそうだから、素直な往復書簡を書いてくると思ってたら、「こんなに鋭く書くんだ！」と驚いた。そんなに書いてくるなら、こっちももっと考えないとなと思ったところはある。

片寄　僕は作詞にはあんまり向いてないのかなとも思ったんです。2曲しか書いてないですけど。往復書簡を始めたのは、時代が変わったタイミングだと思うんですよ。その特殊なタイミングで、書く内容がすごく変化していっただろうなと思うんです。だから、最初の頃の文章はもう恥ずかしくて読みたくないです。

小竹　私にとっては詞が昔は自己表現の場所だった気がするんだけど、この10年ぐらい、もう「完全に仕事」となってた。「仕事以外の何ものでもない」って思ったときに、ちょっとセーブした感じがある。
片寄　そうですよね。「やりたい」という気持ちでやっていたものが、仕事になるとやっぱり変わるじゃないですか。そういうのって難しいですよね。昔、ご飯に一緒に行った時に「作詞って……」と話を振ると、すごい嫌がられましたよね。
小竹　だって、ノウハウとかわからないから答えられない。
片寄　でも分析すると、こういうところにこういうワードを置くといいとか、きっとあるんでしょうね。
小竹　ここで同じ言葉を3回繰り返したいとか。
片寄　そうですよね。それって、小竹さんが聴いてきた音楽や、昭和歌謡と言われるものとかの影響が大きいのかなって。
小竹　14歳までに聴いた音楽が、自分の中に全部インプットされると聞いたことがあるんだけど、私は歌謡曲をいっぱい聴いていて、それに対して洋楽をたくさん聴いている姉がいたから、その両方が影響してるんだと思う。アメリカに住んでるときは、なぜかLAロック、ガンズ・アンド・ローゼズとか、自分が作詞しないような曲ばっかり聴いてた。
片寄　それって、お姉さんの趣味とも違うんですか。

小竹　姉はビートルズとか、メジャーなのを聴いてたんだけど、私はアメリカに行って、なぜかハードロックが好きになって、ヘビメタとか大好きだった時期があった。ジェネの曲の『Stupid ~真っ赤なブレスレット~』とか、ああいうロックバラードみたいなのが、すごく好きで、ジェネの曲は何曲も書いてるけど、あれがいちばん好き。曲を聴いて「うわあー、好き！」ってなった。

片寄　あれ、いいですよね、めちゃくちゃ人気曲です。「あれ、人気なの？」と思いますけどね。

小竹　めっちゃ良い曲だもん。「何、この曲！」ってなったよ。もらったときに、「やったあ！」ってなった。

片寄　あの曲、印象的ですね。（佐藤）達郎（LDH music & publishing）さんと事務所で聴いたんです。達郎さんに、「こんな曲があってさ」って聴かされて、「めっちゃ良い曲ですね」と話したのを覚えてます。

小竹　良い曲だと思ったんだ。

片寄　はい。「さめざめとしたニューヨークの夜」みたいなイメージが浮かびました。

小竹　あの曲を聴いたときに、「悲しいことしか浮かばない」って思った。そういう曲が好きなんだと思う。

片寄　確かに、希望がみじんもないですよね。

小竹　明るさがない……。「これ、絶望みたいな曲じゃん、やったあ！」ってなったのを覚えてる。あれがいちばん好きだな。

片寄　小竹さんがＥＸＩＬＥで初めて書かれた歌詞は、『Heavenly White』ですよね。『Heavenly White』は、母親から「この曲、すごい好きなんだよね」って言われて。僕はまだ中2か中3ぐらいで、よくわからなかった。でも「お母さんは、これが好きなのか」と印象に残ってます。音楽の教師をしてるのに、父が全く歌詞を聴かない男なんですよ。音で聴いてる。僕も、そういう母の影響がなかったら、歌詞を聴かない男に育ってたかもなって思います。

小竹　最近出た『HELLO! HALO! (feat. DANCEARTH)』は、今まで作詞家として出してきてなかった自分の素直な部分が出てる。Ｅテレの『Ｅダンスアカデミー』のテーマソングっていうのもあるけど、「私の今の生活のテーマソング」という感じ。私は「出会い」でここまで来られたから、子ども達にいかに出会いが大切かっていうことを、あの歌詞で言いたかった。病み曲の帝王みたいに言われてるけど、明るい曲もたくさん書いてるんだよ。E-girls の『Mr. Snowman』(花空木名義)、『シンデレラフィット』とか。FANTA (FANTASTICS from EXILE TRIBE) の『Flying Fish』とかも。

片寄　『Flying Fish』、すごい好きです。絶対小竹さんの歌詞だってわかります。繰り返すんですよ、「Green Green」とか、「Groon Groon」とか。僕も、詞を書くのはまたチャレンジしてみたいですけど、もしかしたら、曲に当てるのが苦手なのかもしれません。

小竹　じゃ、詞先（歌詞を先に書いて曲をあてること）で書けばいいんじゃない。

片寄　そうですよね。この連載を通して分かったんですが、書きたい言葉を先に書いたら書くことができるんだなと思って。「頑張れば浮かぶじゃん」「自分もたとえたりできるんだ」って思ったんですよ。でも、曲を聴いた瞬間に、曲に持って行かれちゃう。その曲のイメージに合わせなきゃとか、曲に気を遣っちゃうのかもしれない。

小竹　昔は詞先もあったんだけど、今まで500曲以上作詞をして、そのうち詞先になったのって、3曲ぐらい。今は時代が、音が出来てから詞っていう流れになってる。昔の作曲家の人は、歌詞があってそれに曲を付けるっていうの得意だったんだけど。

片寄　そうか。でも、逆にありかもしれないですね。詞が先の時代がまた来るとしたら……。

小竹　そういえばジェネの『Star Traveling』は詞先だ。

片寄　ええっ、知らなかった。

小竹　作曲の春川仁志さんって、昔の作曲家の人が持っている詞先での作曲スキルみたいなのがすごくある人で。詞先って、たいてい「こういうサビだよね」となりがちなんだけども、『Star Traveling』の時、「天才だ、春川さん！」って思った。

片寄　ＥＸＩＬＥの『Bloom』も、小竹さんが先に歌詞を書かれたんですよね？

小竹　そう、先に歌詞を書いて、あっちゃん（ＥＸＩＬＥ ＡＴＳＵＳＨＩ）が曲を付けてくれて。

片寄　いい曲ですよね、ストーリーがあって。

小竹　涼太は詞先がいいんじゃないかとは思ったけど、作詞については上手に教えられない。

片寄　小竹さんに昔、「誰でもできるよ、作詞なんて」って言われました。

小竹　そんなに、誰でもできないんだね。

片寄　誰でもできないですよ（笑）。

私たちは「鎧う」二人

小竹　ジェネまでは、事務所も小さかったから、外部の人が絶対に理解できないぐらい、事務所ぐるみで仲良しで、「同じ釜の飯を食う」っていうのがぴったり来るような毎日だった。何が行われるかを100％知り得てたし、所属アーティストもスタッフも、誰がいるか全員知ってるっていう感じで。

片寄　HIROさんがパフォーマーだった時に、一緒にステージに立たせていただいたのは、僕たちジェネまでなんです。あの背中を、僕らも一緒のステージで見させてもらったっていうのは、後輩たちと感覚的にすごく違うなって思うんです。

小竹　とにかくお互いすごく忙しかったよね。私は歌詞も小説もエッセイも書いて、ガールズグループの教育係やって……みたいな生活してたら、顔面麻痺になったりして、ちょっと自律神経がいかれてた。それで「ペース配分をしないと」って思った。

片寄　今、立ち返って客観的にいうと、LDHっていう企業の急成長の最中でしたよね。成長痛みたいなことが起きていたんだろうな。

小竹　そう、成長痛。

片寄　すごい勢いでぶわーっと大きくなって、HIROさんはそのでっかい船を舵取りして。半端じゃないなと思います。HIROさんって、あんまり思ってることを外に出さない人じゃないですか。比べるのはおこがましいけど、僕もそうだから、そこは少しわかるなって。僕のことをどう思ってるんだろうと思うけど、たぶん、死ぬまで聞けないんだろうなと思ってます。

小竹　HIROさんも涼太と同じAB型だからね。HIROさんは、私にとっては親友を超えて家族。HIROさんの子どもたちの面倒もみるし。子どもたちの世話の手伝いをしてるっていうと、頼まれた感があるかもしれないけど、頼まれたことは一度もない。むしろ全て自分から。本当に子どもがもう、愛おしくて愛おしくて。だから、家族っぽい。

片寄　そうだ、20歳の誕生日は、事務所で祝っていただきました。

小竹　それは覚えてる。「涼太が20歳になるから」ってAKIRAが連絡をくれて、家から大急ぎで行った覚えがある。ドラマの『GTO』のときでAKIRAが主演の先生をやってたから、AKIRA仕切りで20歳の誕生日会っていうのをやったんだよね。カウントダウンと共にケーキを私が出したのかな。

片寄　お店に行ったら、みんなが机の下に隠れてて、「誰もいない」と思って、「すいません、ＡＫＩＲＡさんなんですけど」って店員さんに言ったら、ワーッてみんなが出て来て、「うわっ」となりました。

小竹　私も隠れてた。

片寄　それ、すごい覚えてる。メンバーもいてくれて。

小竹　ほんとに真面目な会社だから、みんな10代の時に絶対飲んでない。20歳になる日の夜中の12時とともに飲むっていうのが、涼太から流行りになったような記憶がある。1杯目、ビールだったよね。「ビールが飲みたい」って言ったんだと思う。でも、ビールに憧れって、きっとあるよね。あんなに美味しそうに大人が飲んでるんだもん。涼太はその後すごい勢いでお酒が強くなって、最近は「私は飲めないから、勝手に飲んで」となってる。涼太が5杯飲む間に、やっと私が1杯飲むみたいな。

片寄　ドラマの撮影をし始めたりとかして、忙しくて疲れてるのに、小竹さんちにワイン2本とか持って行って、自分一人で飲んで帰るみたいな。

小竹　シンデレラみたいに、12時になると帰れと言う。

片寄　はい。「帰りなさい」って言われる。

小竹　もうお酒を飲まなくなってしまったので、後輩たちとご飯に行くってことがほとんどなくなって。

片寄　小竹さんとはコロナ前まで食事に行かせていただいてましたが、僕、他のLDHの先輩と食事に行ったり、先輩に誘ってもらったりができないんです。本当に下手で。だから、小竹さんとガンさん（岩田剛典）と三人で食事行ったのはレアな思い出です。『3年A組―今から皆さんは、人質です―』っていうドラマに出させてもらっていたときに、ガンさんに、「ドラマ見てるよ。面白いね」って言っていただいたんです。

小竹　そう、ガンちゃんとご飯に行こうって言ってて、「誰誘ってもいいよ」って言ったら、ガンちゃんが涼太を誘ったの。

片寄　不思議なタイミングで。

小竹　そのガンちゃんと三人の時も違う涼太になってた。「先輩の前では、そういう感じなんだ」って。大きくは変わらないんだけど、何かが違うんだよな。「しっかりした後輩感」みたいなのが出る。

片寄　自分ではわかんないです。僕は特定の人にしか甘えられなくて。中々素を見せられない。小竹さんからいただいた写真集（『グッバイ、ホワイト』）の言葉ですごく印象に残ってるんですけど、「自分を鎧いながら生きている」部分がすごくある。

小竹　自分でも上手いこと言ったと思う、「鎧う」って。涼太は鎧ってるんです、いつも。

片寄　「鎧う」っていう言葉が、すごい印象に残ってます。

小竹　『グッバイ、ホワイト』の文章を書いたときに、何となく書いたんだけど、私たち二人とも「鎧う」二人ではあるよなと。

片寄　鎧うのは、自分をずっと客観視してるからだと思います。客観視しない瞬間が、人に気を許してる瞬間かもしれない。基本は客観視してるんじゃないかな。それが鎧になってる。たまたまこういう職業だと客観視が必要だから、成立してるのかもしれないですけど。その客観視してきた中で、「片寄涼太」っていうものが出来上がってきたのかもしれないです。

小竹　私は多分、幼い頃から人より幸せも不幸も知っていて、人には言えないような波乱万丈な人生だったから、普通の自分が何かわかんなくなっちゃって。普通に見せるために嘘ばっかりついて、だんだん鎧をまとうようになった。私の世代で、留学もよくあることじゃないし、某事務所で高校生のときからタレント活動みたいなことをやってて、そこで今でも付き合う友達に出会って、本当に普通じゃないことばっかりやってた。実家はとても裕福だったけど、ある日突然、ものすごい借金を抱えたりして、「平凡」というのが、ぜんぜん分からなかった。だから、この年になっても自転車を漕いで知らない商店街に行くとか、平凡の極みみたいなものを望むところがあって、それは、得られなかった平凡さを回収するために、今やりたくてしょうがないのかもしれない。普通がわからないから、どういう状態が鎧ってる状態なのかも、もはやわからなくなるってことが多々あって。しばらく時間が経って振り返ったときに、

「あれ、鎧ってたな」っていうのがよくある。

片寄　鎧っていても、自分の鎧を否定はしてないです。

小竹　うん。私も、肯定もしないけど、否定もしない。自分も鎧は絶対取らないから。今だって絶対、鎧は着てる。でも、これだけ付き合いが長かったりすると、「涼太は今日はそういう感じなんだ」とわかる。

片寄　でも、別に嘘をついてるわけじゃないんです。

小竹　そう、嘘ついてるわけじゃない。涼太はぜんぜん嘘ついてないと思う。「今日はそういう感じね」っていう鎧が近い。

片寄　本当のことを言うために鎧を使ってる部分もあります。そのぐらい、嘘がつきたくないし、好きじゃないんだと思います。そのために鎧っている部分があるのかもしれない。

1ドルピザとしなびた白菜

小竹　プライベートで海外とか行くの？

片寄　僕、19の時ニューヨークへ行きましたね。

小竹　ああ、行ったね、覚えてる、覚えてる。

片寄　あれは修行でした。LDHの現COOの森さんが、「飛行機代ぐらい出してあげるから行っておいで」って言ってくれて、僕も「10代のうちにアメリカに行ってきます」と。お正月しかスケジュールが空いてなかったので、ニューヨークは極寒で。その時は自分でボイストレーニングの先生のところまで地下鉄に乗って行って、英語でレッスンを受けて……と必死でした。英語もネイティブみたいにベラベラしゃべれるわけでもないし。

小竹　その時はまだ、英語そこまでちゃんとやってなかったよね。

片寄　はい。その時にすごく免疫がつきました。レッスンになると、対面で話さなきゃいけないから、とにかく伝えなきゃ、理解しなきゃっていうので、言語は関係ないからとりあえずやる、というのは経験としては大きかったですね。お金がないからホテルも風呂は共同みたいなところで。

小竹　自分で予約したの？

片寄　もちろん。

小竹　そういうの、でも、楽しいじゃん。

片寄　すごい楽しかったです。1ドルピザみたいなのを食べて。あとは、「行っておいで」と背中を押してくれた森さんに、「美術館とか観に行きなさい」とも言われていたんですね。それで、一人でセントラルパークを歩いていって、メトロポリタン美術館に行って。そこから、訪れた国の美術館には必ず行こうという癖がついて、そういうのもあってアートが好きになりました。

小竹　それ、19歳でやるのと、今やるのと、まったく違うから。今の涼太じゃそのホテルに泊まれない気がする。そういうの、いいよね。

片寄　いやあ、泊まれないですね。まだ20歳になる前、『GTO』のドラマやる前です。その時自分としては、何も結果が出せておらず、グループとしてもまだまだで、何を求めてどう頑張ればいいんだろうと思った時期でもあって。何か変わらなきゃとか、変えてみなきゃって思ってたので、すごいタイミングでしたけどね。

小竹　すごくよく覚えてる、涼太がアメリカに行くんだって。「えっ、一人で行くんだ」と思ったってことは、ほんとに、まだ少年だったんだと思う。

片寄　親にも、すごい心配されました。

小竹　私は海外も国内もかなり行っているけど、その中でも印象的なのはアイスランド。永瀬正敏くんが、アイスランドのフリドリクソン監督と『コールド・フィーバー』っていう日本人の青年がアイスランドに行くロードムービーを撮ることになって、その現場通訳兼、身のまわりのお世話みたいな感じで、2か月ぐらい居たの。今だと日本食とかあるみたいなんだけど、当時、もう本当にアジア人が珍しかったみたいで、すごい指とか差された。でもみんないい人だったけど。あとはそんなに長いことといると、「あ、今日も出てる」ぐらい、オーロラを見られた。同じオーロラは一個もなくて、アイスランドと言えばオーロラだな。

片寄　アイスランドか、いいな。

小竹　すごい寒かったけど、勝手に北極みたいなところを想像していたから、普通に街とかあって。でも、野菜は全然なくて、国民的スターみたいな映画監督の現場なのに、ランチが生の食パンと生のしなびた白菜だけだった時があって、「何時代⁉」と思ったりして、でも楽しかった。27くらいの時に行っておいてよかった。この年で、アイスランド2か月はおそらく無理だから。

片寄　ちょうど今の僕ぐらいですね。いいっすねえ。

小竹　アイスランド、魚は美味しかった。美味しい物は美味しくて。日本のマクドナルドのフィレオフィッシュが、当時ほとんどアイスランドの白身魚を使ってるって聞いたよ。でも、街を歩くたんびにじろじろ見られたことってなかったから、「うわーっ、不自由」と思ったな。だから、アイスランドへ行ったせいで今メディアへの顔出しをしなくなったってのもちょっとある。仕事ではあったけど、他の観光地とかとは明らかに違った。

片寄　別世界なんだ、すごいな。どんなところか見てみたいです。今後行くなら、オーストラリアとかの南半球は行ってみたいですね。あとはサッカーが好きなので、スペインやイタリア。ヨーロッパはその辺りに行ってみたいなと思います。イタリアのワインを本場で飲んだりしたい。その国の美術館には絶対行きたいですね。

小竹　スペインよかったよ。でもね、たぶん涼太はポルトガルが好きだと思う。食べ物もダントツ美味しかった。アメリカに留学してると、世界中の子がいて、アメリカ人よりヨーロッパ人と仲良くなる。夏休みが3か月近くあるから、その間は友達の国――ポルトガル、フランス、スイス、スペイン、イタリアとかに行って、20代は死ぬほど旅してた。その中でもポルトガルは、1泊しかしてないんだけど、すっごい食事が美味しくていいと思った。スペインでは地元の子とサッカーやることになって、自分の高校はサッカーが強かったから、うっすら自信があったわけ。そしたら、もう全くレベルが違う。普通の、友達の友達みたいな子たちとやっただけなのに、ほんとにプロと小学生ぐらいレベルが違った。

片寄　へぇー、そんなに上手いんだ。

小竹　上手すぎて、それがちょっとトラウマ。

片寄　僕は現地でサッカーしなくていいです（笑）。

小竹　ご飯はやっぱりフランスも美味しかった。涼太はフランスならパリじゃなくて、第二の都市のリヨンのほうが好きかも。

片寄　どっちも行ってみたいですね。

小竹　二人で行くとしたらどこがいいかね。海外なら、私も南半球に行ったことがなくて。すごい旅の達人みたいな人に聞くと、「オーストラリアがいちばん好き」って言う人が多いから、オーストラリアがいいな。英語が通じるとこじゃないと、もうきつい。国内なら、涼太の地元に行きたい。もう、その土地に詳しい人がいないと、旅が嫌かも。大阪の鶴橋へ行きたい。

片寄　ああ、いいかもしれないですね。

小竹　もう買い物にも観光にもそんなに興味がないから、だったら誰かの地元で、「へぇー」って思いながら旅するのがいいな。

片寄　王道もいいかも。博多へ行ってもつ鍋を食べるとか、京都で、ちょっとおばんざいを食べて帰るとか、そういうのをやってみたいです。

小竹　あとは田舎とか行って、虫捕ったり川でザリガニ捕ったりしたい。あ、でも涼太は虫ダメなんだっけ。

片寄　虫は、どれもあんまり好きじゃないですね。ザリガニは好きでも嫌いでもないですけど……。

小竹　子どもの頃、ザリガニ釣りやらなかった？

片寄　あんまりやらなかったですね。川で遊んだりはしなかったです。

小竹　私は意外と川で遊んだりしてたんだよね。ここ10年くらいよく瀬戸内海へ旅に行くんだけど、泊まる所の真ん前に岩場があって、そこにちっちゃいカニがわんさかいるの。それを2時間ぐらいひたすら捕るっていうのが楽しい。あと、ＨＩＲＯさんの子どもとかその友達とかと公園に行ったときに、小さな池にカエルが卵を産んでて、そのカエルの卵がオタマジャクシになった瞬間に、30匹ぐらい捕まえて、ずっとうちで飼って、全部カエルになった。

片寄　ヤバッ。

小竹　それを「はい、自分で生きていってね。自然の掟だから」と庭に放してる。

片寄　カエルはちょっと気持ち悪いです。まあ、カエルぐらいならいいか、飛ぶ系の虫のほうがいやですね。ハエとか。僕はインドアで、そんなに外で遊んでなかった。家にいて、ぼけっとテレビ見ながら、母親と話すという時間が多かった気がします。

小竹　先生って夏休みは学校に行くの？

片寄　そうですね。部活とかもあるので、父は夏休みにも結構行ってました。

小竹　じゃあ、お母さんと過ごした時間がめっちゃ長かったんだ。

片寄　めっちゃ長かったと思いますね。

いつかやりたい、舞台への想い

片寄　こないだの坂元裕二さんの舞台『「初恋」と「不倫」』は、往復書簡がテーマでした。僕、観に行ったんです。

小竹　私も観た！

片寄　土屋太鳳さんと（仲野）太賀さんの回を観に行って、映画など映像から伝わってくるものは全く違うなと思いました。舞台だし、朗読劇だから、当然ですけど。あれっていろんな女優さんと俳優さんがやられてきた作品なんですよね。そういえば、僕、小竹さんと舞台行ったことないですね。

小竹　ないね。基本は人と行かない。

片寄　確かに、僕も人とあまり行かないな。舞台って面白いですよね。いつかやりたいです。『「初恋」と「不倫」』は、「朗読劇ってこういうパターンもあるんだな」と思わせてくれました。

小竹　あれは、朗読劇の中でも最高峰。

片寄　最高峰ですよね、面白かった。

小竹　舞台は、「絶対やりたくない」って言ってたけど、やった途端に舞台の虜になって、そこから一生舞台をやっていく人が多い気がする。目の前でリアクションがある、お芝居のライブ版が舞台だと思う。涼太は舞台やりたいんだ、演技が好きなんだね。涼太が初めて演技したの、ドラマの『GTO』でしょ。「演技、上手じゃん」って言ったら、異様に喜んでいたのを思い出した、今。

片寄　覚えてない！　でも、お芝居は好きですね。何が好きって、その期間に、みんなでばっと集まって、チームとして一個の作品を作るところです。自分がどうお芝居をしたいとかではなくて、作品を作ってる感覚が、すごい好きなんですよね。お芝居がライブでできるっていうことが舞台なんだとしたら、すっごい楽しいだろうなと思います。舞台は観るのにも好き嫌いがありますよね。最初に観に行く舞台によっても違うと思う。初めての時にすごく安いウニを食べたら、ウニが嫌いになるみたいな感じで、面白い舞台から観たら、舞台を大好きになっちゃうみたいなところがあると思います。

小竹　あとは簡単な舞台から見始めたほうがいいかも。この年になっても、「結局どういう話だったんだろう」っていう舞台はある。面白い舞台は、すごく面白い。土屋太鳳ちゃんの『プルートゥ　PLUTO』も面白かった。

片寄　僕、LDHに入りたての時に舞台を観に行ったんですよ。その当時、「行けるものは何でも観に行かなきゃ」と思っていて。だから、「わかんないけど、行ってみよう」と行ったら、本当に小劇場っていう感じのところだったんですけど、面白くて。舞台ってこういうものなんだな、と。

小竹　涼太が「舞台が好き」っていうの初めて知った。もっと誘えばよかった！

片寄　いやいや……（笑）。これから是非。

小竹　今日子の舞台は、YOUと行くことが多いけど、それ以外は大抵一人。でも仲の良い人だったら行ける。

片寄　行きましょう。舞台を観て思うんですけど、台詞ってすごいですよね。台詞って脚本によって違うじゃないですか。坂元裕二さんの台詞とかって、秀逸で生きているんですよね。

小竹　うん、すごい。坂元さんの本業が作詞家だったら、私には一生仕事がこないんじゃないかと思うくらいすごい。とにかく涼太には『「初恋」と「不倫」』の本を薦めたい。

片寄　はい。台本だけじゃなく、その単行本も読んでみたいです。まったく同じ話なんですか？

小竹　ストーリーはまったく一緒な気がする。今すぐ買いなよ。

片寄　ほんとですね。読みます。読書、最近してないです。

小竹　私が読書好きになったのは、父と母がいつも本を読んでいて、それが普通だと思ってたことが大きいと思う。家に大きい本棚があって、本がいっぱいあって、その頃から一人でいるのが好きだったので、何となく手にとって開いて、難しい本はすぐ戻して。あとはアメリカ生活の時に、とにかく外国人の友達とばっかりいて、それがちょっとストレスで、日本から持っていったり送ってもらったりした本を読んでた。中高生の時とかも、周りは読んでなかったけど、普通に小説は読んでた。往復書簡にも書いたけど、好きな作家さんはいっぱいいる。

片寄　それで思い出した。僕はお正月に必ず、両親に本屋さんに連れて行かれたんです。「今年の本を買いましょう」と、本を買ってもらってました。「これから、一月に読む本を買いましょう」って、家族みんなで一人一冊買って。

小竹　へえー、その時に親も買うんだ。親が読んでるって大事だよね。

片寄　そうなんです。だから、親の影響を受けたのが、小竹さんと一緒だと思って。

小竹　こっちの時代は、読書するぐらいしかやることがなかったんだよ。今、いろんなものがあるじゃん。「読書とYouTube、どっちに時間を使ってますか」って聞かれたら、私も絶対にYouTubeだもん。

片寄　僕の真面目癖なのかもしれないですけど、読書も、映画も「ながら」でできないんです。真面目に、映画も一言一句、聞き逃さないように観なきゃと思っちゃうんです。携帯とか鳴ると嫌だし。本とかもパーッと流して読めない。忙しくなる前は空き時間に読んだりもしてましたけど。

小竹　今、空き時間に本を読んでるような人、いないよね。

片寄　ほとんどいないですね。（川村）壱馬は、読んでるらしいですけどね。

小竹　昔って、前室（スタジオ収録の際、出番の直前に出演者が待機する場所の通称）で読書してる女優さんとか、けっこういたんだよな。でも、今は本当に本を読まないよね。でもね、それこそＨＩＲＯさんが、本をたくさん読んでこなかったことを、いちばんの後悔ぐらいに思ってるんだって。私も本を読むことは一生すすめたい。

片寄　子育てするなら、やっぱり読ませたいって思います。やっぱり「ある年になったら、本を読ませなきゃ」っていうのは思いますね。本と音楽を与えなきゃ。

小竹　音楽はさ、勝手に入ってくるんだよ。友達がみんな音楽に触れてたりするじゃん、だから流行ってる曲は幼稚園の子でも歌えたりする。でも本って、親がちゃんときっかけを与えないとタイミングを逃しちゃうのかも。あとは、本にしても映画にしてもドラマにしても、自分の精神状態で面白いか面白くないかが決まっちゃうところはある。散漫な気持ちで見たり、読んだりしてるものって、「ああ、つまんなかった」

ってなっちゃって、何年後かに読み直したり、見直したりして、「これ、こんな面白かったんだ！」ってなったりする。

片寄　僕も忙しいときに読んでたのはダメですね。切り替えに読書を使うのはちょっと違うかも。これからの時代こそ、一つの作品に集中するということが、すごく大事になってくるかもしれないと思います。

肉を焼くのも料理です

小竹　往復書簡でも書いたけど、私は料理がすごく得意なんだよね。自分で言うけど（笑）。コロナで家に籠《こも》ってたからひたすら料理してた。

片寄　僕は、本当に料理してこなかったですね。

小竹　でも涼太、ステイホーム中に肉とか焼き始めたよね。「肉、焼いただけじゃん」と、人は思うだろうけど、「うわーっ、涼太が肉焼いた！」とびっくりした。キッチンは収納場所として使っているとしか思えないぐらい、絶対料理をしない人っていうイメージがあったのに！

片寄　人って、変わるんですね。

小竹　うん、変わるんだよ。ある日、突然、料理を始めるの。料理ができるって、自分がすごく美味しいと思うものを作れることだと私は思ってて。関西風だし巻き卵とか、涼太は好きじゃん。
片寄　大好きです。
小竹　だけど、私はそれが苦手で。卵焼きは、もう、めっちゃ甘いやつ、寿司屋で出てくるようなやつじゃないとダメ。しかも、甘いのと辛いのを同時に味わいたいから、その卵焼きで明太子を包んで卵焼きにする。素敵なお店だったら、絶対にだし巻きでそれをやってるのに、めっちゃ甘い卵で明太子を包む。でも、それが自分がいちばん好きな味だから。そういう物を作れることが、料理ができることだと思う。公私共に本当に美味しいお店にいっぱい行ったけど、結局今は、自分が作る物がいちばん美味しいと思う。
片寄　その卵焼き、食べたいです。僕は好き嫌い、本当になくて。
小竹　涼太は好き嫌いないよねえ。若い子は絶対に食べられないパクチーとか、そういうものを、昔からぜんぜん平気で食べてた印象がある。
片寄　僕は、小学校の給食で食べられるようになったんですよ。幼稚園の時は海苔しか食べないような子どもだった。幼なじみのお父さんに、「ターボくん」って呼ばれてて。海苔を食べるだけでこんなに成長して、燃費がいいからって。そのくらい食べなかった子が、給食が始まって、すごく食べられるようになりました。それで、好き嫌いもなくなって。
小竹　親のそういう躾があったのかと思ってた。

片寄　親から躾けられたことって、あんまりないような気がします。食べることは本当に好きですね。お酒を飲むのも好きだし、お酒に合わせて食事とかするのも好きだから、作りたいって思ったんです。

小竹　でも、本当に絶対料理をしないと思ってたから、肉を焼いたときには、びっくりした。私はそれこそコロナだからあんまり知らない人のところに行きたくないということもあって、最近またよく友達の店で洋服を買うようになった。友達にファッション関係者がめちゃくちゃ多くて、最近着てる洋服は全部、その友達がらみの服。

片寄　ファッションだけでなく、可愛いものとか、素敵なものとか、きれいなものとか、きっとお好きですよね。

小竹　趣があることがね。

片寄　大事ですよね。

小竹　インスタはやってないけど、若かったら絶対にインスタ映えするようなものが大好きだったと思う。それこそ昔はファッションが大好きで、5年前とかだったら、すっごい熱く語れたんだけど。涼太は今、ファッションがすごい楽しいでしょう？

片寄　楽しいです。でも、20代前半の時の楽しさとは、違うかも。

小竹　そうなんだ。私は30代ぐらいまで、ファッションが案外好きで、着たいブランドの洋服を買えるようになってから、また違った楽しみ方みたいなのができてきた。自分でちゃんとアンテナを張って、そのアンテナに引っ掛かったことを、自分なりに取り入れるっていうことをしないと、お洒落ってできない気がする。誰かの影響を受けてもいいんだけれど、自分でちゃんと受信したことを発信するのが大事だよね。

片寄　一つのアイデンティティーですね。

小竹　そんな気がする。アンテナがすごく大事。それをちゃんと発信できてたかはわからないけど、受信は一応できてたんだなっていうのは思う。

片寄　確かに、そうやって自分自身が動いたり、触れていかないと、たぐり寄せられないですよね。例えば、引っ越したいと思って、いい家と巡り会いたければ、やっぱり実際にいろんなとこを見に行かないと、いい家は寄ってこないし、自分自身が何が好きかもわからない。ファッションも同じで、いろんな洋服を見ることで、自分自身はこれが好きなんだっていうのが、見えてくると思います。万人にお洒落と思われるのは無理だし、必要ない。ファッションはアイデンティティーを表現する一つなんだと思います。

小竹　ちなみに今は、ファッションよりも韓国ドラマにはまり過ぎてて、韓国ドラマに出てくる食べ物を全部、食べに行きたくなっちゃってる。こんなにコロナに気をつけてるのに！

片寄　僕もはまってたので、めっちゃわかります。

小竹　ドラマ見ている最中に一時停止して、ラーメンのパッケージを見て、同じものを新大久保に買いに行ったりして。コロナだからもうフル装備感染対策して。それでチャパゲッティとか、辛《シン》ラーメンライトとかを買って帰った。

片寄　食事してる席で、こういう話をよくしてましたね。「今、何にはまってる？」「これ面白かった」とか、たわいもない話しかしてなかったです。

小竹　そう、こういう話をしてた。気づくのが遅すぎたんだけど、私は壮大なものに一切興味がない。だから、夢とかないんだよ。高みよりも、深みのほうに興味があるのかな。

片寄　たぶん、そこがＨＩＲＯさんと小竹さんで真逆なところで、だからこそ仲良くなったのかなと感じます。

小竹　コロナじゃなかったら韓国に弾丸で行ってた。韓国語が飛び交う中で、フライドチキンを食べるためだけに。

片寄　確かに。あれは行きたくなりますよね。僕もドラマを見ながらチャミスル、飲みました。

小竹　そうなんだよ、そういうことが楽しいよね。

片寄　そういうシチュエーションや空気を、大事にする人としない人に分かれますよね。そこは二人ともすごい大事にするタイプ。だから、雑多な居酒屋に行ったら、雑多な居酒屋っぽい話をしてるし、ちょっと小洒落たカフェだったら、小洒落たカフェっぽい話とかしてる。

小竹　そう。私は歌詞からすっごい寡黙なイメージに思われてるんだけど、実はこれだけよくしゃべる。でも自分の話したこととか、ほんと覚えてない。往復書簡に書いたこととかも、全部、忘れちゃってるから。

しれーっと恋愛するタイプ

片寄　自分の知らないこととか、自分の考えになかったことを言ってくれる人が好きです。「へぇー！」「なるほど」みたいなことをよく話せる人が好きですね。自分と違う考えを持っている方が刺激になります。それって、恋愛なのかって感じもしますけど。

小竹　涼太が恋愛してるイメージがない。恋愛してるイメージがないというより、「恋愛」自体のイメージがない。私は今まで恋愛中毒なぐらい恋愛しかしてなくて、それを恋愛と呼んでいいんだろうかっていうぐらい、不毛な恋愛ばっかりしてた。恋愛は魔物。自分が自分じゃなくなるし、仕事との両立がまず無理。恋愛の真っ只中にいると、歌詞が書けなくて。10代、20代、30代と、恋愛を謳歌しないと大人になったとき困りますよとは思うけど、自分にとってはもう不必要。恋ってなんか大きい病気みたいなところがある。

片寄　なるほど、すごい……。僕はすごく他人に対して警戒心の強い人間で。「あ、ダメだな」って思ったら、すぐダメです。恋愛であろうとも、そうでなくとも、石橋を叩きすぎるタイプです。

小竹　きっと二人とも恋愛してることを絶対外に出さない。「恋してるの！　聞いて！」みたいな女子的なとこは一切なく、しれーっと恋愛するタイプだと思う。実際に自分も「誰にも言えなかったけど」とか、「ほんとに絶対誰にも知られず一人で恋愛してます」という詞を異様にたくさん書いてる。EXILEの『Heavenly White』とかも「恋のことをむやみに話したら雪のように溶けちゃう」みたいな歌詞。でも、本当にそうだと思っていて。他者が入ると恋愛ってぶち壊しにされたりもするから、そういうのも含めて面倒くさくなっちゃう。

片寄　うん、僕も外には出さないです。

小竹　自分の恋愛に他者が入ったとき、例えば、結婚して相手の両親が自分の義理の親になるとか考えるとキツイ……。たぶん成立はさせられるんだろうけど。

片寄　誰かが入ってきても成立するって、相当レアですよね。人によるのかもしれないですけど。

小竹　私が涼太くらいの年のときは、病院入っていたほうがいいぐらいの恋愛中毒だったな。仕事しないし。

片寄　えっ、仕事をしないって？（笑）

小竹　仕事にならない。相手と一緒にいたいし、小学校5年生の子が書いたポエムみたいに、歌詞がすごく稚拙になるから、恋愛真っ只中にいるときは仕事しなくなっちゃった。20代、30代は仕事しないで貯金を食い潰すみたいなことばっかりやってた。

片寄　すごい生活ですよね。最近は、他人が入ってきても大丈夫な人や、周りにいる人もいい人みたいな人がいいんだろうなって思います。その人の友達や家族とも会えると、やっぱり長続きするんだと思うけど、そんなのその人に会ったときにはわからない。

小竹　私は相手の家族とかにも気を遣いすぎて負担になってしまうかも。自分を知ってもらってさ、自分の出自とかから始まって、今の自分の仕事は……とか。特に、特殊な仕事をしてると、あんまり理解してもらえないわけじゃん。

片寄　お互い理解を求めなければいいんでしょうけどね。理解はしたほうがいいと思いますけど、でもそこは「まあ、仕方ないね」という折り合いがちゃんとつけられないと、しんどいですね。

小竹　そう。私は折り合いがつけられないんだよね。自分に折り合いつけたくないから、「そんな恋が成就するわけない」っていう恋しかしてない。

片寄　こう、矛盾があるんですね。

小竹　付き合ったその日から、別れることを考える（笑）。愛は続くものだけど、恋って終わるものだと思ってるから、いつまで続くんだろうって。たぶん、人それぞれ違うから、恋がすごい成就して「いい恋しました」って言う人もいっぱいいると思うんだけど、私にはそれがない。恋と愛は本当に違うと思う。愛は、生まれたときに、もう親からももらってるし、今自分がすごい愛を持ってる人たちはいるけど、恋が何かはわからないまま死んでいくんだと思う。だから、作詞をできてるのかもしれない。

片寄　家族愛とか、友情の愛とか、いろんな愛はあるけど、「家族恋」はないですね。

小竹　ないじゃん。だから、子どもたちへは愛情深いけど、恋だとそれが押し売りみたいな感じになって。

片寄　恋はエゴですね。学生の時とかを振り返ると、自分もそうですね。

小竹　そう、だから、恋愛の名手みたいに言われるけど、「いまだにわかってないですから」と思う。恋愛が上手じゃない人が作詞家に向いてる気がする。

片寄　恋愛が上手い人って、何なんですかね。例えば、男性でも女性の扱いが上手い人と、そんなに女性慣れしてない人っているじゃないですか。僕は、確実に後者のほう。

小竹　そこに関しては私は前者なのかも。恋したらもう全エネルギーを相手に注ぐ。でも注ぎ方を多分間違えてる（笑）。だから恋愛マスターだと思われたりするんだけど、それでゴールが見えたことがない。絶対自分が疲れてやめるんだろうなと。だから恋を知らないんだと思う。恋って何？

片寄　本当は愛なんだけど、愛まで行かないから、その言い訳みたいに恋っていうものがなっちゃってるのかな。あとは、場数もありますよね。

小竹　場数はあるよね。今、自分の周りの子どもたちを見てると「うわっ、こいつ、男だわ」とか、「うわっ、こいつ、女だわ。男に苦労するぞ」っていう6〜7歳くらいの子がもういる。

片寄　わかるんですか。

小竹　なんだろうな、小学生で、20歳ぐらいの女の子に色目使ってる男の子もいる。横目で見ながら、くっついてくとか。逆に、「チンチン、ウンチ」とか言ってる子はそういうふうにならない。今ね、5歳、6歳、7歳が周りに多いんだけど、誰もいないとこで、急に「おだちゃん、大好きなんだよ」とか言ってきたりする子がいるの。

片寄　すごいですね、ほんと、人です。産み落とされた瞬間から、人ですね。

小竹　小中高ともに、そういう「ふいな告白」をしてる子っていたな。

片寄　うわーっ。無理だな、僕には無理。

小竹　君には一生無理でしょう（笑）。

片寄　一生無理だ。僕の子ども時代は、どっちにも当てはまらないぐらい、ぼーっとしていました。はしゃぐこともないし、そういう素敵な人に気を取られることもないぐらい、ぼけーっとしたまんま生きてきました。

小竹　私のリサーチによると、誰かのお兄ちゃん、もしくは誰かの妹っていうのって、恋愛に暴走するというか、早熟な気がする。

片寄　そうなんですね。僕はそういう恋愛上級者ではないけど、結婚願望はめちゃくちゃあります。子どもも欲しくて。ほど良い年で子どもを育てられるようになりたい。

小竹　へえ！　涼太が結婚したいっていうのは驚いた。

片寄　でも、それは昔から変わらないです。自分の両親の姿を重ねてるのかもしれない。自分の子どもを育ててみたい。親にしてもらったことを、自分もしたいという気持ちがあるのかもしれません。親には、人として育ててもらいましたね。A型とB型の両親で、産んで3日後に血液を調べて僕はAB型だと言われて、笑ったと。それでもう「違う生き物が生まれて来たから、この子にどうこうしろって言っても、そうはならないだろうな」と思ったと言うんです。だから、「こうしなさい、ああしなさい」って言わずに育ててきたって。「そんな苦しい道を選んだのね」って思いながらも、見守ってきたみたいなことを母親に言われました。

小竹　それは芸能界に入ったみたいなこと？

片寄　もしかしたらそれも延長線上にあるのかもしれないですけど、「言っても聞かないんでしょ」「あんた独自の世界があるんでしょ」という感じです。親は生まれた瞬間から割り切ってたんでしょう。僕、どんくさいんですよ。基本的に、器用じゃないので、本当に自分のやり方でやらないと気が済まないって感じだったんでしょうね。父も母も兄弟がいて、結婚もしてるけど、子どもがいないから、いとこがいないんです。親戚で、僕しか子どもがいなくて、大人ばかりに囲まれて育って……。

小竹　すごいね、それ。いとこがいないんだ。

片寄　はい。しかも一人っ子だから兄弟もいないじゃないですか。例えば、クリスマスに集まってカードゲームをしても、手加減してもらえない。容赦ない人たち。そういう環境で揉まれて、早く大人になりたいと思っていたかもしれない。でもその環境がよかったんです。だから、自分の子どもに対しても、その子自身を尊重してあげたいなって思います。

小竹 私は物心ついたときから一人が好き。親戚が増えるとか、ほんとにいやなので……結婚は絶対にいやだ。なんでも一人がいい。子どもの頃から。姉と妹がいて、六歳くらいずつ年が離れていて。仲が悪くはなかったし、きょうだいで一緒に行動することは多々あったけど、とにかく一人がいいと、幼稚園ぐらいから思ってた。人がいると疲れるから。でも最近、人として、子育てってやるべきことなのかもとちょっと思ってる。なぜなら、学びが多い。「なるほど」が多い。子どもって、こっちが思ってるほど子どもじゃないから、侮っちゃいけない。

会えなくても変わらない存在

小竹 「友達」を定義するなら、10年続いてる人。友達にもブームがあるので、3か月間や、1年間毎日一緒にいるって友達もいっぱいいたけど、この年になると、往復書簡で書いた「友達」も、みんな10年以上。HIROさんも10年以上だしね。でもHIROさんは、もう家族だな。友達じゃない。家族と友達は、背負うものが違う気がする。家族のほうが、責任を持たないと。今日子とか、YOUとかも、もう家族だな。何があっても関係性は変わらないし、自分の恥部をさらけ出しても、「そういう人だよね」って、みんなわかってるから。もし私がいないところで親友たちに欠席裁判とかされてもそれさえ面白くて、「でも、親友じゃん」という人しか、もう残ってない。

片寄　小竹さんって、YOUさんとかの息子さんとお会いすることもあると思うんですけど、そういう時、小竹さんは普通なんですか？

小竹　私はその人は、その人としか見られないから。YOUはすごい照れるし遠慮するけど、別にいいじゃんって。YOUの息子はジェネよりちょっと下の23歳とか24歳くらい。私は仕事柄、そういう年齢の子たちに死ぬほど会ってるから、「YOUの息子」じゃなく、一人の人間としてしか見てない。自分のいいとこでもあり、悪いとこでもあるんだけど、「誰々の息子」「誰々の兄弟」「誰々の後輩とか先輩」とか、そういうふうに見られない。

片寄　確かにそこでパッケージしちゃうのも、逆に失礼ですよね。

小竹　でも、ちょっと配慮したほうがいいのかもと思うときもあるよ。大人のルールみたいなものを踏まえてないから。HIROさんによく言われるんだけど、私は誰よりも老成してるんだけど、一方でものすごい子ども。三代目の今市、登坂に関しては、今じゃもう向こうのほうが大人で、自分の方が後輩みたいな気持ちになる。

片寄　僕は基本的に友情は、恋愛と一緒ですごく狭く深く……ですね。

小竹　いないようで、けっこう友達いるよね。

片寄　いやあ……。でも、結局人によって自分が出す部分をすごく変えちゃうところがあります。そんな中、映画がきっかけで仲良くなった千葉雄大くんとは、もう5年ぐらいのお付き合いです。コロナが一旦落ち着いた時に、家に来てくれて話したり。そんな頻繁に会うわけじゃないですけど、なんかふっとした時にやっぱり会いたいなって思える。LINEもしますし。そういう特定の人とは長いですけど、やっぱり切れていく人は切れていきますね。

小竹　その時はすごく仲良いけど、だんだん疎遠になる人っていっぱいいるよね。

片寄　例えば、ドラマとかでガッツと3、4か月とか一緒になって仲良くなっても、それは作品をよくするための期間だろうと思うわけで、そこは仕事と割り切っちゃうところもあります。もちろん、千葉雄大くんみたいに、そこを超えて仲良くなる場合もあるんですけど。あとは、幼なじみの子たちが社会人になって、会ったりもします。東京に出てくる子もいますし。会って話して、やっぱり合うと思えば、その後も縁がありますよね。そういえば友達に可愛い犬を飼ってる子がいるんですけど、僕それで犬が平気になったんです。小竹さんは絶対びっくりすると思うんですけど、動物が苦手だったのに、犬が好きになりました。

小竹　えっ！　涼太が植物を愛《め》でる感じはわかるんだけど、動物を愛でる感じが、まったくしない。

片寄　自分でもすごい新鮮で。小竹さんも知らない僕の一面だと思います。

小竹　びっくりした。犬といえば、涼太は二人でいるときは犬みたいだよね。でも外にいるとき猫っぽい感じがある。うちに来たときの涼太は、本当に鎧つけてないじゃん。うちの駐車場まで迎えに行ったときは、すごい鎧で固めてるんだけど、部屋に入った途端に、「鎧、全部脱いだ、この人」みたいなところがある。

片寄　僕が10代の頃より、鎧は硬くなってきてるんでしょうか。

小竹　一対一の時は、もちろん成長しているけど、昔から変わらない。他の人がいるとちょっと知らない人っぽいところがある。「この人、誰だっけ」みたいに見えるときが、最近特にある。それだけ、会ってないいんだよね、昔は毎晩のように会ってたもんね。

片寄　でも、毎日会ってるからそれなりにわかり合える人もいれば、半年に一回しか会わなくても普通に話せる人もいるじゃないですか。小竹さんとは普通に話せるなと。

小竹　1年会ってなくてもこうやって話が弾むもん。家族に久しぶりに会う時のほうがよっぽど緊張するくらい。本当、実はずっと仲が良い（笑）。

片寄　はい、仲良しです。でも、話せば話すほど、煙に巻かれているような感じで、小竹さんの謎は深まってる気がします（笑）。わかったような、わかんないような感じがいつまでもありますね。

あとがき

涼太へ

　私は今、海辺の田舎町に来ている。

　宿泊している部屋の窓からは晩夏の瀬戸内海が一望でき、時折、古めかしいおもちゃのような漁船が凪《な》いだ水面を滑っていく。荒々しい日本海を見ながら育った私には、このあまりにも穏やかな海は、趣深くもどこか物足りなく映る。

　時間の流れ方が東京でのそれとは全く異なる緩やかさで、ここで数日間を過ごしていたら、心の中に退屈とも呼べる余裕がじわじわと生まれてきた。

　だから、久しぶりに君に手紙を書こうと思う。


　あっという間に始まって、あっという間に終わった気がしていた往復書簡の連載だけれど、こうやって一冊の本になると、思っていたよりずっとページ数が多く、私たちは、書くことで随分とたくさんの時間を共有していたのだと驚いた。
最後の手紙を君に送ったのは、ほんの数か月前なのに、もう何年も前のことのような気がする。

ちょうど今、海辺にいることも相まって、砂浜にいる君と私を想像してみる。
君は砂地にしっかりと足をつけて、名前も知らない数多の海鳥が飛ぶ空を見上げている。首を90度に曲げて、波と風の音を聞きながら、澄んだ青い空の向こうにある「未来」に目を凝らしている。
少し離れたところで、私は座り心地のいい椅子に腰を下ろして、海を眺めている。時折、水面を跳ねる魚を見ながら、昨日と今日と明日に想いを馳せる。

この書籍を出版するにあたって、私は君と何度も対談した。手紙を書き合っているときとは違い、面と向かってお互いに思ったことを言い合い、時に頭をひねって何かを真剣に考え、けれど話していた時間のほとんどは2人とも笑っていた。周りに他の人もいたから、またまたどこか鎧いながら、それでも楽しい時間を過ごした。こんなに頻繁に君に会ったのは久しぶりだった。

対談の際の私たちは、空も海も見ずに砂浜で一緒にはしゃいでいた子どものようで、相変わらず健在な私たちの特別な関係性を嬉しく思った。けれど、対談していたときより手紙をしたため合っていたときの方が、「本当の君」と「本当の私」だった気もする。君はどうだろう。

往復書簡の連載をしていたとき、世の中は「コロナウイルス」に振り回され、その得体のしれない恐怖に私は辟易していた。何十年も当たり前だと思っていた私の日常は、大きく変わり、仕事面でも、執筆の企画（誰かに会ってその様子をエッセイにする）がなくなってしまったり、作詞した曲のリリースが延期になったりした。

コロナウイルス対策の情報が少しずつ入りはじめて、日常がわずかに戻り始めたけれど、私の「書くこと」へのやる気や熱意や貪欲さは少し萎んでいた。実際に、分不相応にもいくつかの執筆の依頼をお断りしてしまっていた。

そんな渦中で、『往復書簡』の連載は続いていた。物書きになってから初めて「書く」という行為に心が振るわなくなっていた折だったのに、君の手紙への返事を綴ることだけはとても楽しかった。

冷静に振り返ってみると、あの期間、文字になった君のまっすぐな気持ちが、私のプロらしからぬ甘えや躓《つまず》きをさりげなく払拭してくれていたのだと思う。その証拠に、連載が終わり、しばらくしてから私はまた、無性に何かを書きたくて書きたくてたまらなくなっていた。

涼太、こんなふうに私は、これからは君に不意に弱音を吐くと思う。まだまだ子どもだと思っていた君が大人になったことに気づいてしまったから。「弱音」の反対語は「強がり」なので、君はまだまだ私の分まで強がっていてください。

空を見上げていた青年がその下に広がる海を見始めるときが来たら、いつかまた「往復書簡」をやってみたい。同じ目線で同じ海を見ながら。相も変わらず私たちを震撼させているコロナウイルスがそのときこそ収束していると信じて。

連載開始以降、何通もの手紙のやり取りをして、何度も会って話して、可愛がっていた後輩がいつの間にかよき理解者になっていたことを知った私は、以前にも増して君が大好きになりました。なんのてらいもなく誰かに「大好き」だと言えるなんて、歳をとるのも悪くないな、そう思ったよ。

ありがとう、涼太。

小竹正人

【カバー・口絵写真】 カメラマン：岩澤高雄（The VOICE MANAGEMENT）
スタイリスト：吉田宗平（SIGNO）
ヘアメイク：石上三四郎

【初出】 本書は「デイリー新潮」2020年7月26日から2021年4月25日連載の「往復書簡」を加筆・修正のうえ、再構成したものです。
本書に記されている情報は、連載当時のものです。

ラウンドトリップ　往復書簡《おうふくしょかん》

発　行　2021年10月30日
2　刷　2021年11月5日

著　者　片寄《かたよせ》涼《りょう》太《た》　小竹《おだけ》正人《まさと》

発行者　佐藤隆信
発行所　株式会社新潮社
〒162-8711　東京都新宿区矢来町71
電話　編集部　03-3266-5550
読者係　03-3266-5111
https://www.shinchosha.co.jp

装　幀　新潮社装幀室
組　版　新潮社デジタル編集支援室
印刷所　大日本印刷株式会社
製本所　大口製本印刷株式会社

ISBN 978-4-10-354271-1 C0095